Sabine Meinig

Wenn Kinder sterben

Sabine Meinig

Wenn Kinder sterben

Die Arbeit im Kinderhospiz

Tectum Verlag

Sabine Meinig, Jahrgang 1967, geboren in Pirmasens, arbeitet als Diplomreligionspädagogin an einer Grundschule in Berlin-Pankow. Dieses Buch entstand im Anschluss an ihre Diplomarbeit an der Evangelischen Fachhochschule in Berlin.

Sabine Meinig

Wenn Kinder sterben - Die Arbeit im Kinderhospiz
ISBN: 978-3-8288-9712-0

Umschlagabbildung:

"Sonnenhof" der Björn-Schulz-Stiftung in Berlin (Erinnerungsteich)

Besuchen Sie uns im Internet
www.tectum-verlag.de

Bibliografische Informationen der Deutschen Nationalbibliothek
Die Deutsche Nationalbibliothek verzeichnet diese Publikation in der Deutschen Nationalbibliografie; detaillierte bibliografische Angaben sind im Internet über http://dnb.ddb.de abrufbar.

1. Inhaltsverzeichnis

1. Inhaltsverzeichnis **5**
2. Grußwort **9**
3. Warum dieses Buch? **11**
4. Darstellung des Kinderhospizes „Sonnenhof" **15**
4.1. Entstehungsgeschichte des Kinderhospizes „Sonnenhof" 15
4.2. Ausstattung des Kinderhospizes „Sonnenhof" 18
4.2.1. Lage und Geschichte des Hauses 18
4.2.2. Aufnahmekriterien des Kinderhospizes „Sonnenhof" 19
4.2.3. Allgemeines zur Ausstattung des „Sonnenhofes" 19
4.2.4. Besondere Räume und Bereiche 21
4.2.4.1. Gemeinschaftsraum mit Wohnküche 21
4.2.4.2. Bewegungsbad 21
4.2.4.3. Musiktherapieraum 22
4.2.4.4. Snoezelenraum 23
4.2.4.5. Oase der Stille 23
4.2.4.6. Abschiedsraum 24
4.2.4.7. Wintergarten 24
4.2.4.8. Gartenhaus und Spielplatz 25
4.2.4.9. Streichelzoo 26
4.2.4.10. Erinnerungsteich 27
4.3. Mitarbeitende des „Sonnenhofes" 29
4.3.1. Hauptamtlich Mitarbeitende 29
4.3.1.1. Voraussetzungen 29
4.3.1.2. Aufgabengebiete der hauptamtlich Mitarbeitenden 30
4.3.1.3. Hilfsangebote für die hauptamtlich Mitarbeitenden 30
4.3.2. Ehrenamtlich Mitarbeitende (Familienbegleiterinnen und Familienbegleiter) 31
4.3.2.1. Voraussetzungen 31
4.3.2.2. Schwerpunkte in der Ausbildung 31
4.3.2.3. Hilfen für die Familienbegleiterinnen und Familienbegleiter 34

4.4. Inhalte der stationären Kinderhospizarbeit 35
4.4.1. Schwerpunkte im „Sonnenhof" 35
4.4.1.1. Palliativ-pflegerische und palliativ-medizinische Betreuung 35
4.4.1.2. Bedürfnisorientierte psychosoziale Beratungs- und Anleitungsangebote 36
4.4.1.3. Bedürfnisorientiertes Angebot der Sterbe- und Trauerbegleitung 36
4.4.2. Ein Tag im „Sonnenhof" 39
5. Begleitung des erkrankten Kindes und seiner Angehörigen 43
5.1. Exkurs: Reflexion über den Begriff „Wahrheit" 44
5.2. Begleitung vor dem Sterben 45
5.2.1. Von der Konfrontation der Eltern mit der Wahrheit bis zur Akzeptanz der neuen Situation 45
5.2.1.1. Das Phasenmodell von Shontz 45
5.2.1.2. Das Phasenmodell von Hertl 48
5.2.1.3. Hilfen für Eltern und Alleinerziehende 49
5.2.2. Exkurs: Die Frage nach Gottes Wirken und Beistand angesichts elterlicher Rückfragen hierzu 50
5.2.3. Konfrontation der Geschwister mit der Wahrheit 55
5.2.3.1. Situation der Geschwister 56
5.2.3.2. Mögliche Reaktionen der Geschwister 57
5.2.4. Wahrheit über die Situation beim betroffenen Kind 58
5.2.4.1. Argumente für das Aussprechen der Wahrheit . 58
5.2.4.2. Argumente gegen das Aussprechen der Wahrheit 61
5.2.4.3. Umgang des Kinderhospizes mit der Wahrheit 63
5.2.4.4. Reaktionen des Kindes (auf die Wahrheit und seine lebensverkürzende Erkrankung) 63
5.2.4.5. Gestaltung des täglichen Lebens in dieser Situation 67
5.2.4.6. Probleme der erkrankten Jugendlichen 68
5.2.5. Exkurs: Kinder und Jugendliche stellen die Frage nach Gottes Wirken 69
5.2.5.1. Stufenabfolge des religiösen Urteils von Oser und Gmünder 69

5.2.5.2. Thesen zum Umgang mit Leid von Sauer 71
5.2.5.3. Behandlung der Theodizee-Frage im Religionsunterricht 72
5.2.5.4. Vorstellungen über Sterben, Tod und ein Leben danach 72
5.2.5.5. Die Entwicklung des Todeskonzeptes nach Gesell und Ilg 74
5.2.5.6. Vorstellungen der Kinder über die Existenz nach dem Tod 76
5.3. Begleitung beim Sterben 79
5.3.1. Reflexion über die Theologie des Sterbens 79
5.3.1.1. Christliche Tradition 79
5.3.1.2. Spiritualität im Kinderhospiz 80
5.3.2. Bedeutung der Angehörigen beim Sterben 83
5.3.3. Finalphase bei lebensverkürzend erkrankten Kindern und Jugendlichen 84
5.3.3.1. Endphase 85
5.3.3.2. Sterbephase 85
5.3.3.3. Todesphase 87
5.3.4. Sterbeorte 88
5.3.4.1. Sterben zu Hause 88
5.3.4.2. Sterben im Krankenhaus 89
5.3.4.3. Sterben im Kinderhospiz 91
5.4. Begleitung nach dem Tod 93
5.4.1. Rituale 93
5.4.2. Abschiedsrituale 94
5.4.2.1. Abschiedsrituale zu Hause 95
5.4.2.2. Abschiedsrituale im Krankenhaus 96
5.4.2.3. Abschiedsrituale im Kinderhospiz 98
5.4.3. Beerdigungsrituale 105
5.4.3.1. Grabgestaltung 109
5.4.4. Trauerrituale 110
5.4.4.1. Trauer von Angehörigen 112
5.4.4.2. Hilfen für trauernde Angehörige 118
5.4.4.3. Trauer von Kindern 119
5.4.4.4. Besondere Aspekte der Geschwistertrauer 123

5.4.5. Gedenkrituale 126
6. Bewertung der Arbeit im „Sonnenhof“ 129
6.1. Würdigung 129
6.2. Grenzen des „Sonnenhofes“ 132
6.3. Ausprägung und Bedeutung religiöser Einflüsse 133
6.4. Fazit 134
7. Schlusswort 135
8. Literatur- und Medienverzeichnis / Bildnachweis 137
9. Notizen 143

2. Grußwort

Sehr geehrte Leserin, sehr geehrter Leser,

das Buch, das Sie in den Händen halten, ist kein gewöhnliches Buch.

Mich hat dieses Werk gefesselt, obwohl ich als Geschäftsführerin des Bundesverband Kinderhospiz e.V. viele Schriften zu diesem Thema lese. Dieses Buch jedoch ist umfassend und setzt sich kritisch mit dem Thema auseinander. Zum ersten Mal gibt es ein Buch, das einen tiefen und sensiblen Einblick in die Situation von Familien mit unheilbar erkrankten Kindern und in die Kinderhospizarbeit in Deutschland darstellt. Dabei schafft die Autorin brillant, einfühlsam und sachlich das komplexe Thema strukturiert abzubilden.

Sie steigen beim Lesen in den Alltag des Kinderhospizes Sonnenhof in Berlin ein – Ihre Lese- und Bildungsreise führt Sie durch die Aufgaben und Herausforderungen in einem Kinderhospiz. Sie erfahren hautnah, mit welchen schwierigen Situationen sich Betroffene und Angehörige auseinander setzen müssen. Sie fragen sich, wie Sie selbst mit dem Thema Sterben umgehen und weshalb teilweise abstrus erscheinende Sachzwänge existieren, mit denen Angehörige konfrontiert sind, wenn ihr Kind gestorben ist. Mit wässrigen Augen werden Sie davon erfahren, welche Rituale hilfreich sind, um sich von dem eigenen Kind zu verabschieden.

Dieses Buch wird Sie leiten, und es regt zum Nachdenken an. Die Verbindung vom Alltag im Kinderhospiz hin zur Vogelperspektive erreicht die Autorin, indem sie dem Bericht aus der Praxis eine wissenschaftliche Gesamtschau anschließt, die – und dies ist wahrhaft ungewöhnlich – gut verständlich und nachvollziehbar die verschiedenen Theorien zum Sterben und Trauern in Bezug zur Praxis darstellt.

Jeder Mensch, der sich mit diesem Thema auseinandersetzen möchte, findet in diesem Buch das theoretische Wissen in klaren und verständlichen Worten, aber auch die Motivation, sich für dieses Thema zu engagieren, sei es als ehrenamtlich Mitarbeitende, als Fachkraft oder auch als Mensch, der dazu beitragen möchte, das Wissen über Kinder, unheilbare Erkrankungen und die Unterstützung durch Kinderhospizarbeit zu verbreiten.

Beim Thema Sterben begegnen wir einer Vielfalt an kulturellen Unterschieden. Es ist für alle in der Begleitung oder im Umgang mit Sterbenden, ob Kinder oder Erwachsene, eine Herausforderung, sich darauf einzulassen. Frau Meinig führt uns kaum merkbar in kulturelle Welten ein und schafft einen Boden für Verstehen und Toleranz. Sie baut eine Brücke, ohne zu werten, und begleitet uns zur Trauer um einen geliebten Menschen, der viel zu früh gestorben ist.

Das Buch ist zweifelsohne ein inspirierendes Werk, das sich sachlich und mit Intuition mit einem tief greifenden, schwierigen Thema auseinandersetzt.

Vielen Dank, Frau Meinig.

Freiburg, 25. August 2008

(Dipl. Soz.-Päd. BA)

Geschäftsführerin

Bundesverband Kinderhospiz e.V.

BUNDESVERBAND
Kinderhospiz e.V.

3. Warum dieses Buch?

Die Inhalte dieses Buches basieren auf meiner Diplomarbeit, die ich im Jahr 2007 zum Thema „Kinderhospiz" schrieb. Dieses Buch möge dazu dienen, interessierten und betroffenen Eltern einen Einblick in die Arbeit eines Kinderhospizes zu verschaffen und ein Angebot für konkrete Hilfestellungen in dieser extremen Lebenssituation vorzustellen. Denn etwa 20.000 Kinder erkranken jährlich bundesweit an lebensverkürzenden Krankheiten. Ihr anonymes Schicksal und das ihrer Familien sind fast immer Indiz eines weitgehend gesellschaftlichen tabuisierten Phänomens, des Sterbens von Kindern an Krankheiten - im Gegensatz zu den oftmals insbesondere von Teilen der so genannten Boulevard-Presse intensiv verfolgten Schicksalen von Kindern, die durch Unfälle oder Morde sterben.

Nur wenige Menschen sprechen offen über das Thema Tod oder beschäftigen sich gedanklich damit, es sei denn, sie sind infolge persönlicher Betroffenheit dazu gezwungen. Wenn ein älterer Mensch stirbt, dann wird oft als vordergründiger Trost empfunden, dass er ein erfülltes Leben gehabt hat. Stirbt jedoch ein Kind, drängt sich als erste Reaktion das Unfassbare auf, dass etwas nicht stimmen kann. Mit einem Kind werden so viele Zukunftshoffnungen und Zukunftsperspektiven verbunden, die mit einem Schlag ausgelöscht werden. Wenn Eltern die Diagnose bekommen, dass ihr Kind unheilbar erkrankt ist und eine verkürzte Lebenserwartung hat, sind sie schockiert und brauchen Zeit, um diese Botschaft zu verkraften. Ihr Umfeld ist eher hilflos, weil man sich unsicher ist, wie man reagieren soll, und die Familie wird zusehends isoliert. In dieser für die Eltern äußerst schwierigen und belastenden Situation benötigen sie alle Hilfe, die sie nur bekommen können.

Während in Großbritannien bereits 1988 das erste stationäre Kinderhospiz eröffnet wurde, kam es in Deutschland erst zehn Jahre später zur Eröffnung des ersten stationären Kinderhospizes Balthasar in Olpe. 2002 folgte dann der „Sonnenhof" in Berlin, und bis heute[1] sind es acht stationäre Kinderhospize deutschlandweit[2] neben ca. 25 ambulanten Kinder-

1 Stand 31.07.2007

2 Die sechs weiteren stationären Kinderhospize sind: Sternenbrücke (Hamburg), Bärenherz (Wiesbaden), Bärenherz (Leipzig), Löwenherz (Syke), Regenbogenland (Düsseldorf), St. Nikolaus (Allgäu)

hospizdiensten. Wie kann ein Kinderhospiz diesen Familien helfen? Gelingt es den Familien, ihre Isolation zu überwinden und bei den Themen Sterben, Tod und Trauer gut begleitet zu werden? Inwiefern spielen dabei religiöse Einflüsse eine Rolle?

Um die Arbeit in einem Kinderhospiz vorzustellen, habe ich die Björn-Schulz-Stiftung mit dem Kinderhospiz „Sonnenhof" in Berlin als Beispiel ausgewählt. Danach beschreibe ich die Begleitung des Kindes und seiner Angehörigen vor, bei und nach dessen Tod. Ergänzt wird diese Darstellung um die Erörterung ausgewählter Sinnfragen (z.B. die nach der Wahrheit oder der Gottesgerechtigkeit), die sich die Betroffenen während des gesamten Prozesses - teils wiederholt - stellen.

Die Informationen hierzu habe ich durch zahlreiche strukturierte Interviews[3] erhoben.

---

[3] Interviews mit

- Herrn Bathelt (Fundraising) vom 18.06.2007
- Herrn Müller (Pflegedienstleiter) vom 27.06.2007
- Frau Thielmann (Koordinatorin für ambulanten Hospizdienst) vom 04.07.2007
- Frau Sebajang (Kinderkrankenschwester) vom 09.07.2007
- Herrn Jürgen Schulz (Geschäftsführer) vom 09.07.2007
- Frau Seidenschnur (Seelsorgerin) vom 10.07.2007
- Frau Herbst (Psychologin) vom 13.07.2007
- einer Mutter vom 13.07.2007
- Herrn Jürgen Schulz vom 16.07.2007
- einer Großmutter vom 16.07.2007
- Herrn Bernd Schulz (Familienbegleiter) vom 19.07.2007
- Herrn René Weißfuß (Familienbegleiter) vom 20.07.2007
- einem Vater vom 20.07.2007
- einer Mutter vom 20.07.2007
- Frau Kjer (Familienbegleiterin) vom 21.07.2007
- Frau Drews (Familienbegleiterin) vom 23.07.2007
- Frau Forst (Einzelfallhelferin) vom 24.07.2007
- Frau Glock (Familienbegleiterin) vom 26.07.2007
- Frau Schlep (Familienbegleiterin) vom 30.07.2007
- Frau Helfrich (Familienbegleiterin) vom 07.08.2007
- Frau Kiotseridouq (Psychologin) vom 10.08.2007
- Frau Löw (Koordinatorin für ambulanten Hospizdienst) vom 10.08.2007

Denn zum Thema „Kinderhospiz" gibt es wenig Literatur, weil die Kinderhospizarbeit noch relativ jung ist; sie wird in manchen Hospizbüchern miterwähnt. Deswegen habe ich bei den Fallbeispielen hauptsächlich die Passagen aus den Interviews mit betroffenen Angehörigen und Mitarbeitenden des Kinderhospizes herangezogen und Aussagen aus zwei Filmen („Sternenkinder" und „Der lange Abschied"[4]) über Familien, die im „Sonnenhof" gelebt haben, wörtlich zitiert.[5] Einige Artikel aus Hospiz-Zeitschriften dienten mir dazu, einen größeren Einblick in die Arbeit eines Hospizes zu bekommen.

Informationen über den „Sonnenhof" entnahm ich hauptsächlich dem Konzept über den „Sonnenhof" und verschiedenen Broschüren und Flyern, die vom „Sonnenhof" herausgegeben worden sind.

Mein Dank gilt allen Freunden und Bekannten, die mich bei der Arbeit zu diesem Buch unterstützt und mich ermutigt haben, an seiner Veröffentlichung festzuhalten, insbesondere

- meinem Mann für seine unermüdliche Unterstützung beim Kampf mit dem PC,
- den zahlreichen Mitarbeitenden des „Sonnenhofes",
- allen, die mit persönlichen Beiträgen mitgeholfen haben, das Buch zu erstellen bzw. es zu bewerben.

---

4 „Sternenkinder", ein Film von Thomas Lützel, Medien-Akademie, Dekra-Film, 2006, und „Der lange Abschied", ein Film von Katrin Kramer, ZDF, 2004

5 Die zitierten Aussagen der Väter und Mütter sind Wort für Wort (mit umgangssprachlichen Sätzen) aus den Filmen entnommen.

4. Darstellung des Kinderhospizes „Sonnenhof"

4.1. Entstehungsgeschichte des Kinderhospizes „Sonnenhof"

Die Bedeutung des Wortes „Hospiz" stammt aus dem Mittelalter und bedeutet soviel wie Herberge oder Raststätte, die von Mönchen oder Nonnen geleitet wurde. Sie pflegten Kranke und Sterbende, nahmen Arme auf und boten Pilgern, die auf dem Weg zum Heiligen Land oder zu anderen Wallfahrtsorten waren, eine Übernachtungsmöglichkeit mit Verpflegung.

Der Grundgedanke der heutigen Hospizbewegung liegt darin, den Sterbenden ihre letzte Lebenszeit zu Hause mit entsprechender schmerzlindernder, pflegerischer und psychosozialer sowie geistlicher Betreuung ermöglichen zu können. Wenn dies die Umstände nicht zulassen, kann der sterbenskranke Erwachsene in ein stationäres Hospiz aufgenommen werden, um in Würde, möglichst ohne Schmerzen, seine letzte Lebenszeit so angenehm wie möglich zu verbringen.[6]

Ein Kinderhospiz unterscheidet sich deutlich vom Erwachsenenhospiz, weil hier lebensverkürzend erkrankte Kinder, Jugendliche und junge Erwachsene und deren Angehörige nicht erst in der Finalphase, sondern auch schon ab dem Zeitpunkt der Diagnosestellung im Rahmen einer Verhinderungspflege[7] stationär aufgenommen werden können.

„Es ist ein Ort, der in seiner grundlegenden Ausrichtung den privaten Lebensgewohnheiten der betroffenen Familien entgegenkommt. Das selbstbestimmte

---

6 vgl. Beutel, H. / Tausch, D. (1989): Sterben – eine Zeit des Lebens. Ein Handbuch der Hospizbewegung, S. 154f.

7 Die Verhinderungspflege ist ein wesentliches Entlastungsmoment für die oft schon jahrelang durch die Pflege ihres dauerhaft erkrankten Kindes besonders belasteten Familienangehörigen. Sie ist dann notwendig, wenn die Eltern (oder auch der/die Alleinerziehende) selbst verhindert sind, die Pflege durchzuführen (bei eigener Erkrankung, Erschöpfung, Kur etc.). Sie ist besonders sinnvoll, wenn die Eltern aufgrund der Diagnose, dass ihr Kind lebensverkürzend erkrankt ist, dringend einen sonst wenig anerkannten Freiraum für sich selbst benötigen, um sich auf die neue Situation einstellen zu können.

Leben der Familien steht im Vordergrund und wird hintergründig getragen durch eine minimale Arbeitsroutine.“[8]

Der Sohn von Herrn Schulz, Björn Schulz, wurde 1978 im Alter von drei Jahren leukämiekrank. Bei zahlreichen Krankenhausaufenthalten auf verschiedenen onkologischen Stationen machte die Familie Schulz einige negative Erfahrungen:

„Ein Kind kam zum Sterben zurück auf die kurative Station... Damals betrugen die Heilungschancen 60%... Eltern und Kinder mussten ständig die Hoffnung aufrechterhalten... Die Kinder sahen ständig das sterbende Kind und stellten Fragen... Die Eltern des sterbenden Kindes waren neidisch auf die Kinder, die vielleicht gesund werden... Im Krankenhaus herrschte eine hektische Atmosphäre, die Ausstattung der Zimmer war nicht anheimelnd, die Eltern mussten auf Klapppritschen liegen... es gab keine Zeit der Pfleger für Kinder und Eltern, und wegen der hohen Infektionsgefahr hatten Geschwister unter vierzehn Jahren keinen Zutritt.“[9]

Björn verstarb mit knapp acht Jahren im November 1982. Ein Jahr nach seinem Tod gründete das Ehepaar Schulz zusammen mit anderen betroffenen Eltern den Verein „Kinderhilfe - Hilfe für leukämie- und tumorkranke Kinder e.V. Berlin“, aus dem 1996 die Björn-Schulz-Stiftung hervorging. Damit war es möglich, schwerst- und unheilbar kranke Kinder, Jugendliche, junge Erwachsene und deren Angehörige besser bei der Behandlung, Betreuung und Nachsorge zu unterstützen. 1998 begründete die Stiftung das erste ambulante Kinderhospiz in Deutschland mit ehrenamtlichen Familienbegleiterinnen und Familienbegleitern, und 2002 wurde schließlich trotz einiger Widerstände[10] das stationäre Kinderhospiz „Sonnenhof“ in Berlin eröffnet.[11]

---

8 Konzept des „Sonnenhofes“ von Stefanie Kämper, S. 4

9 Interview mit Herrn Jürgen Schulz (Geschäftsführer) vom 09.07.2007

10 Im Vorfeld stieß laut Herrn Schulz die Errichtung des Kinderhospizes auf einige Widerstände, weil sowohl ein privater Kinderkrankenpflegedienst als auch der Leiter der Kinderonkologie im Virchowklinikum der Kinderhospizidee konträr gegenüberstanden. Der Kinderkrankenpflegedienst sah darin ein Konkurrenzunternehmen, der Leiter der Kinderonkologie eine Verschwendung der Gelder, die eigentlich seiner Krebsforschung zu Gute kommen sollten. Aus der damaligen Konfrontation resultiert heute noch ein striktes Werbeverbot für den „Sonnenhof“ auf der Kinderonkologie im Virchowklinikum.

11 vgl. Broschüre „10 Jahre Björn-Schulz-Stiftung“, S. 6-8

Abbildung 1: Eröffnungsfeier im Jahr 2002

4.2. Ausstattung des Kinderhospizes „Sonnenhof“

4.2.1. Lage und Geschichte des Hauses

Das Gebäude des Kinderhospizes „Sonnenhof“ (zwei villenähnliche, dreistöckige Häuser, die durch einen verglasten Eingangsbereich mit Treppenhaus verbunden sind) gehört der Jüdischen Gemeinde Berlin und wurde im August 2000 langfristig von der Björn-Schulz-Stiftung gemietet. Es diente ursprünglich als „Fürsorgeheim für jüdische Kinder“ (die 1942 von den Nationalsozialisten sowohl deportiert als auch ermordet wurden), nach dem Krieg als Kinderheim und später als Altenheim.

Es liegt in einer ruhigen Seitenstraße im Bezirk Berlin-Pankow (Ortsteil Niederschönhausen) in der Wilhelm-Wolff-Str. 36/38.[12]

Abbildung 2: Rückseite des „Sonnenhofes“

[12] vgl. Konzept des „Sonnenhofes“, S. 22f.

Das Gebäude ist ockergelb gestrichen; diese Farbe symbolisiert den Namen des Hauses („Sonnenhof") und assoziiert die fröhliche Atmosphäre des Hauses, denn das Motto von Herrn Schulz lautet: *„Sterbenszeit ist Lebenszeit"*, und die Kinder wollen *„fröhlich leben bis zur letzten Sekunde"*.[13]

4.2.2. Aufnahmekriterien des Kinderhospizes „Sonnenhof"

Es stehen insgesamt zwölf Gästezimmer (Gäste sind die betroffenen Kinder, es wird nicht von Patienten gesprochen) zur Verfügung für Kinder, Jugendliche und junge Erwachsene von 0 bis 35 Jahren, die eine Erkrankung mit verkürzter Lebenserwartung haben, bei denen die Krankheit nicht geheilt werden kann und bei denen eine palliativ-medizinische Behandlung notwendig ist.

Dazu zählen folgende Krankheiten:

- fortgeschrittene Blut- und Krebserkrankungen
- Vollbild der Infektionskrankheit AIDS
- Muskeldystrophie, Mukoviszidose und andere Stoffwechselerkrankungen, die in der Regel bereits im Kindes- und Jugendalter zum Tod führen können
- neurologische Erkrankungen mit fortschreitenden Lähmungen
- genetische Erkrankungen
- Nieren, Herz-, Verdauungstrakt- oder Lungenerkrankungen, die zum Tod führen[14]

4.2.3. Allgemeines zur Ausstattung des „Sonnenhofes"

Wer den Empfangsbereich des „Sonnenhofes" betritt, dessen Blick fällt rechts auf einen Willkommenstresen und dahinter auf eine große Laterne (Grundfläche 34x34 cm²), in der eine ein Meter hohe Altarkerze dauerhaft brennt. Diese brennende Altarkerze symbolisiert eine *„Permanenz in allen Dingen im Kontrast zu den lebensverkürzende erkrankten Kindern"*.[15] Die Farbe gelb dominiert nicht nur als Fassadenfarbe, sondern auch beim Treppengeländer, bei der Farbe des großen Spendenkreisels,

---

13 vgl. Interview mit Herrn Jürgen Schulz s.o.

14 vgl. Konzept des „Sonnenhofes", S. 11f.

15 vgl. Interview mit Herrn Jürgen Schulz vom 16.07.2007

bei der großen aufgemalten Sonne im Eingangsbereich, als Vorhangfarbe der Gästezimmer und Elternappartements und als Farbe des Gemeinschaftsraumes. Der „Sonnenhof“ wirkt dadurch licht und hell.

Die Gästezimmer im Haus 1 sind großzügig bemessen, so dass ein „rooming-in“ eines Angehörigen möglich ist; außerdem können die Gäste ihre Lieblingsbilder, Spielsachen und ihre Haustiere mitbringen, um es sich wohnlicher zu machen. Daneben gibt es im Haus 2 drei Elternappartements, die für die Mitaufnahme von Geschwisterkindern konzipiert sind. Das befördert zum einen das familiäre Zusammengehörigkeitsgefühl, zum anderen können die Angehörigen selbst entscheiden, wann sie bei ihrem erkranktem Kind bleiben und wann sie sich zurückziehen zum Auftanken, Entspannen und um etwas mit den Geschwisterkindern zu unternehmen.[16]

Abbildung 3: Gäste des „Sonnenhofes“

[16] vgl. Konzept des „Sonnenhofes“, S. 23

4.2.4. Besondere Räume und Bereiche

4.2.4.1. Gemeinschaftsraum mit Wohnküche

Der Gemeinschaftsraum ist ein großer heller Raum mit integrierter offener Wohnküche, in dem sich das hauptsächliche Geschehen der Kinder abspielt. Die Gerichte werden dort von einer Köchin zubereitet, die nach Möglichkeit Wünsche der Angehörigen und Kinder berücksichtigt. Die Kinder können bei der Vorbereitung der Mahlzeiten zusehen, teilweise auch je nach Vermögen mithelfen, und durch die Essensdüfte wird ihre sinnliche Wahrnehmung animiert. Auf dem Boden liegen in der Mitte dicke Matratzen, auf denen die Kinder spielen oder liegen können, und auf einer Seite befindet sich ein langer Esstisch, an dem die Angehörigen, das Pflegepersonal und die Kinder essen. Die meisten Kinder werden allerdings auf Grund ihrer Erkrankung künstlich mit Magensonden ernährt, aber sie sollen in die gemütliche Essensatmosphäre miteinbezogen werden.[17]

4.2.4.2. Bewegungsbad

Das Bewegungsbad ist ein ca. 33°C warmer Pool, der sowohl für die Gäste und ihre Angehörigen ein Badevergnügen bietet als auch z.B. für Termine zum Babyschwimmen für Familien aus ganz Berlin genutzt wird. Wegen des warmen Wassers genießen besonders Kinder mit Muskel- oder Knochenschwäche das Baden und den Körperkontakt mit ihren Angehörigen, weil sie dadurch eine erleichternde Entlastung und Schmerzlinderung erfahren. Die Familien werden dabei von ausgebildeten Physiotherapeuten begleitet, die bei Bedarf Massagen und Therapien anbieten und ihnen hilfreich zur Seite stehen.[18]

[17] vgl. Interview mit Herrn Müller (Pflegedienstleiter) vom 27.06.2007

[18] vgl. Internetseite www.sonnenhofberlin.de

Abbildung 4: Bewegungsbad

4.2.4.3. Musiktherapieraum

Dieser Raum ist ausgestattet mit einer Vielzahl von Instrumenten (größtenteils Orff´sche Instrumente). Die Musiktherapie findet einmal wöchentlich unter Anleitung einer Musiktherapeutin statt und hat zum Ziel, körperliche und seelische Schmerzen überwinden zu helfen und soziale Kontakte zu verbessern. Sie fördert eine tiefere und bewusstere Atmung (mit einem nachhaltigen Effekt für Atemwegserkrankungen) und bietet den erkrankten Kindern die Option, ihr Innenleben klanglich auszudrücken, wenn eine sprachliche Artikulation nicht mehr möglich ist. Außerdem dient die Musik auch der Freude und Entspannung.[19]

[19] vgl. Konzept des „Sonnenhofes", S. 16f.

4.2.4.4. Snoezelenraum

Der Begriff „snoezeln“ kommt aus dem Niederländischen und basiert auf einer Kombination der Wörter „schmusen“ und „dösen“. Der Snoezelenraum ist ein Ort, in dem alle Sinne (hauptsächlich Hören und Fühlen) stimuliert werden sollen. Er hat spezielle Ausstattungselemente wie z.B. ein mit integrierten Lautsprecherboxen ausgestattetes und beheiztes Wasserklangbett, Lichterketten, Spiegel, mit Wasser gefüllte Blasensäulen und eine mit Stoffen bespannte Decke, von der eine Farbkugel herunterhängt etc. Das mit Kuscheltieren bestückte Wasserbett lädt ein zum Kuscheln, zum Hören und Erfühlen der Lieblingsmusik (z.B. der Jugendlichen) und ist besonders gut geeignet auch für Kinder, die in Folge der Erkrankung ihr Gehör verloren haben.[20]

4.2.4.5. Oase der Stille

Ursprünglich war für die Geschwisterkinder im Souterrain ein weiteres Spielzimmer als Raum zum Austoben eingerichtet worden, wenn das Wetter die Benutzung des Gartens nicht zuließ. Da dieses Zimmer aber weit weg vom Elternbereich und den Gästezimmern war, so dass die Geschwisterkinder das Gefühl hatten, von den Eltern nicht genügend wahrgenommen zu werden, wollte sich niemand dort aufhalten. Die Geschwisterkinder suchten sich deshalb einen Platz in der Nähe des Elternbereichs, nämlich den oberen Absatz des Glasanbaus. Dort konnten sie die Treppen hinauf- und hinunterstürmen und sich in Reichweite ihrer Eltern mit Kissen und vielen Spielsachen austoben. Das Spielzimmer wurde später von einer engagierten Mutter zu einer Art Meditationsraum mit Duftlampen, Kerzen und leiser Musik umgestaltet, bei der sie für Angehörige und Kinder auf Wunsch energetische und Ayurveda-Massagen durchführt.[21]

---

20 vgl. ebenda, S. 17, in Verbindung mit der Broschüre: „Sonnenhof“ - ein Haus der Geborgenheit

21 vgl. Interview mit Herrn Jürgen Schulz s.o.

4.2.4.6. Abschiedsraum

Der Abschiedsraum befindet sich ebenfalls im Souterrain am Ende des Ganges. Er besteht aus einem Vorraum mit Sesseln und kleinem Tisch und einem klimatisierten Aufbahrungsraum, der normalerweise mit verschiedenen Korbsesseln, großen Blumenvasen und Kerzenständern sowie einem bunten Wandbild ausgestattet ist. Neben dem Vorzimmer führt eine Tür in einen kleinen, von hohen Büschen abgeschirmten Trauergarten mit Sitzgelegenheiten und kleinem Springbrunnen hinaus, damit die Trauernden sich zwischendurch nach draußen begeben können. Falls es die Angehörigen wünschen, kümmern sich die Mitarbeiter gern zusammen mit der Seelsorgerin oder Psychologin um die Ausgestaltung einer Trauerfeierlichkeit (z.B. Aussegnung). Mittlerweile steht dieser Abschiedsraum nicht nur Familien, die Kontakt mit dem „Sonnenhof" hatten, zur Verfügung, sondern allen Familien, deren Kinder z.B. im Krankenhaus oder auf Grund eines Unfalls verstorben sind.[22]

4.2.4.7. Wintergarten

Der Wintergarten im Erdgeschoss dient als zweiter Gemeinschaftsraum. Er hat einen direkten Zugang zur Terrasse und zum Garten. Durch einen Personen- und Bettenaufzug können die bettlägerigen Kinder in den Wintergarten und eine Etage darüber in den Gemeinschaftsraum gelangen. Der rundum verglaste Wintergarten ermöglicht es u.a. den kranken Kindern, die ans Bett gefesselt sind, in die Natur zu schauen und z.B. Tiere zu beobachten (wie Eichhörnchen, Katzen oder von weitem die Streichelzootiere). Weiterhin besteht die Möglichkeit, den anderen Kindern beim Spielen zuzusehen, die Weite des Himmels zu genießen oder auch die verschiedenen Jahreszeiten wahrzunehmen. Der Wintergarten wird u.a. für Festivitäten und jeden Freitag für das offene Familientreffen mit Kaffee und Kuchen genutzt.[23]

[22] vgl. Interview mit Herrn Jürgen Schulz s.o.

[23] vgl. Broschüre: „Sonnenhof" – ein Haus der Geborgenheit

Abbildung 5: Im Wintergarten

4.2.4.8. Gartenhaus und Spielplatz

Der „Sonnenhof" ist von einem ca. 1.800 m^2 großen Park umgeben, in dem sich ein großes Gartenhaus befindet, das als festlicher Raum, Empfangsraum für Schulklassen, als kleiner Kinoraum, Besprechungsraum und - weil er mit sehr vielen Musikinstrumenten ausgestattet ist - als Diskoraum und kreativ-therapeutischer Raum (z.B. für die Kunsttherapie) fungiert. Das Zusammenkommen der kranken und gesunden Kinder im Gartenhaus fördert die Kommunikation untereinander.[24] Auf dem Wiesengelände lädt ein kleiner Spielplatz mit mehreren Spielgeräten, der außer den Kinderhospizfamilien auch den Nachbarschaftskindern zur Verfügung steht, zum Toben und Spielen ein.

24 vgl. Konzept des „Sonnenhofes", S. 23

4.2.4.9. Streichelzoo

Im August 2003 erhielt das Kinderhospiz vom Verein „Leben mit Tieren e.V." Tiere für den neuen Streichelzoo: ein Eselpaar, zwei Kamerunschafe, zwei Ziegen, zwei Kaninchen und ein Meerschweinchen. Die Tiere werden vom Verein „Mensch-und-Tier e.V." betreut und gepflegt.

Abbildung 6: Streichelzoo

Durch die Einbindung von Tieren in das Konzept sollen einerseits der Kontakt der kranken und gesunden Kinder gefördert werden, wie beim Gartenhaus und Spielplatz, andererseits durch die sinnliche Kontaktaufnahme die Lebensfreude der Kinder gesteigert, die Phantasie und Erinnerung angeregt und eine Abwechslung in den Tagesrhythmus gebracht werden.

Später wurde durch Zufall festgestellt, dass das Reiten auf dem Esel eine positive, krampflösende Wirkung auf die Kinder hat. Seitdem wird es gezielt bei Krampfanfällen eingesetzt.[25]

Abbildung 7: Therapeutisches Reiten

4.2.4.10. Erinnerungsteich

Die Planung des Gartenbereiches sah von Anfang an eine Teichanlage mit einem großen oberen Teich (ca. 4x5 m²) und einem unteren Wasserlauf vor. Der obere Teich ist als Erinnerungsteich angedacht: Angehörige können zur Erinnerung an das verstorbenes Kind einen großen Stein bemalen und ins Wasser legen. Sie haben jederzeit Zutritt zu diesem Erinnerungsteich, um in Ruhe an ihr Kind zu denken.

25 vgl. Konzept des „Sonnenhofes", S. 18, in Verbindung mit: Interview vom rbb kulturradio am 14.05.2007

Abbildung 8: Erinnerungsteich

Das Wasser lockert den Gartenbereich auf, wirkt beruhigend, und die Kinder sind glücklich, wenn sie sich Wasser herausschöpfen und z.B. zum Sandburgen-Bauen benutzen können. Die Wassertiefe beträgt nur 20 cm, um das Risiko des Ertrinkens zu verringern.[26]

[26] vgl. Interview mit Herrn Jürgen Schulz vom 16.07.2007

4.3. Mitarbeitende des „Sonnenhofes"

4.3.1. Hauptamtlich Mitarbeitende

4.3.1.1. Voraussetzungen

Ein wesentlicher Bestandteil des Konzeptes des „Sonnenhofes" ist es, neben der üblichen Verwaltung eines Betriebs viele Ehrenamtliche durch im Verhältnis dazu eher wenige, dafür aber besonders qualifizierte Hauptamtliche zu unterstützen.

Zu den Anforderungen an die hauptamtlich Mitarbeitenden im Pflegebereich (Kinderkrankenschwestern/-pfleger, Krankenschwestern/-pfleger) gehören außer der beruflichen Qualifikation die Bereitschaft, sich mit Sterbe-, Tod- und Trauerprozessen auseinander zu setzen, die Fähigkeit zur Integration und zur Teamarbeit auf multidisziplinären Ebenen sowie die Kreativität und Flexibilität, individuelle Pflege umzusetzen.

Von den hauptamtlich Mitarbeitenden in der Kinderhospizleitung und in der Koordination der Familienbegleiterinnen und Familienbegleiter sowie der Einzelfallhelferinnen und Einzelfallhelfer wird neben ihrer beruflichen Qualifikation noch die Zusatzqualifikation „Palliative Care" gefordert.[27]

Diese „Palliative Care"-Ausbildung umfasst:

- Grundkenntnisse der Schmerztherapie und Symptomkontrolle (z.B. Methoden der Schmerztherapie, Schmerzmittel, Begleitmedikation)
- „Palliativ Care"-Behandlungskonzept (z.B. Grundlagen der Hospizbewegung, Palliativmedizin und -pflege)
- Rechtsfragen im Palliativ- und Hospizbereich (z.B. Patiententestament, Patientenverfügung)
- Krankheitsbewältigung und die Begleitung von Angehörigen (z.B. Wahrhaftigkeit am Krankenbett, tiefenpsychologische Persönlichkeitstypologie)
- Kommunikation / Wahrnehmung (z.B. klientenzentrierte Gesprächstherapie, Körper- und Symbolsprache der Sterbenden)

---

[27] vgl. Konzept des „Sonnenhofes", S. 31 und 34

- Umgang mit Sterben, Tod und Trauer (z.B. Begleitung von Sterbenden, Aussegnung, Verabschiedung und Sterberituale in den Weltreligionen und in weltlichen Kulturen, Trauermodelle und praktische Trauerbegleitung)
- Selbsterfahrung, Supervision und die Arbeit im multiprofessionellen Team (z.B. Fallbesprechung aus der eigenen Trauer- und Sterbebegleitung, Wege der Konfliktbewältigung)[28]

4.3.1.2. Aufgabengebiete der hauptamtlich Mitarbeitenden

- Geschäftsführung und Hospizleitung
- Pflege
- Medizinische Begleitung als Kinderärzte
- Therapeutische Angebote (Ergo-, Physio-, Musik- und Kunsttherapie)
- Koordination der ehrenamtlich Mitarbeitenden (Familienbegleiterinnen und Familienbegleiter) und der Einzelfallhelferinnen und Einzelfallhelfer
- Trauerbegleitung (Seelsorgerin, Psychologinnen)
- Öffentlichkeitsarbeit / Pressearbeit
- Fundraising
- Buchhaltung
- Sekretariat
- Haus- und Küchenbereich
- Netzwerkadministration (Computer und Telefonanlage)

4.3.1.3. Hilfsangebote für die hauptamtlich Mitarbeitenden

Grundsätzlich haben alle hauptamtlich Mitarbeitenden einen Anspruch auf Supervision. Im Pflegebereich besteht zusätzlich die Möglichkeit zur Supervision durch externe Begleiter, Teilnahme am Coaching und an einem zweimal im Jahr stattfindenden Teamtag.

Die Mitarbeitenden können sich bei Bedarf während ihres Arbeitstages im Rahmen der vorhandenen personellen Ressourcen auch eine Auszeit nehmen, z.B. indem sie sich in einen multifunktionalen Rückzugsraum begeben.[29]

---

28 Zentrum für Trauerbegleitung und Lebenshilfe (www.ztl-trauerbegleitung.de)

29 vgl. Interview mit Herrn Müller (Pflegedienstleiter) vom 27.06.2007

4.3.2. Ehrenamtlich Mitarbeitende (Familienbegleiterinnen und Familienbegleiter)

4.3.2.1. Voraussetzungen

An ehrenamtliche Familienbegleiterinnen und Familienbegleiter werden folgende Anforderungen gestellt:

- die persönliche Auseinandersetzung mit den Themen Sterben, Tod und Verlusterfahrung
- die Reflexion über die eigenen Erfahrungen und der Respekt vor Fremderfahrungen
- die Herausbildung einer eigenen achtsamen und respektvollen Haltung gegenüber den lebensverkürzend erkrankten Hospizgästen
- die Rücknahme der eigenen Befindlichkeit im Angesicht der Gäste und ihrer Angehörigen und die Orientierung an ihren Bedürfnissen
- die Bereitschaft zum Lernen in der Gruppe und zur Teamarbeit[30]

Bei der Auswahl der Familienbegleiterinnen und Familienbegleiter werden im Vorfeld Gespräche geführt, um die jeweilige Motivation der Teilnehmenden zu erfahren und sich ein Bild von den jeweiligen sozialen Kompetenzen zu machen. Die Ausbildung der Familienbegleiterinnen und Familienbegleiter leitet eine Psychologin; sie dauert zwölf Monate und umfasst ca. 130 Seminarwochenstunden.

4.3.2.2. Schwerpunkte in der Ausbildung

- Umgang mit Trauer (z.B. Phasen, Strategien zur Trauerbewältigung)
- eigene Biographie (persönliche Begegnungen und Erfahrungen mit Sterbenden, Trauer und Tod)
- Hospizkonzept (Geschichte der Hospizbewegung, Palliative Care)
- Hospiztätigkeit (z.B. Arbeit im multidisziplinären Team, Selbstverständnis des Ehrenamts)
- verbale und nonverbale Kommunikation (z.B. Körpersprache, aktives Hinschauen und Zuhören)
- Umgang mit Sterbenden, deren Freunden und Angehörigen (z.B. Situation und Unterstützung der Geschwister, individuelle Familienstrukturen, Patientenwahrnehmung)

---

30 vgl. Bundesarbeitsgemeinschaft Hospiz e.V. (2005): Qualitätsanforderung zur Vorbereitung Ehrenamtlicher in der Hospizarbeit, S. 3

- Helferpersönlichkeit (Einfühlen, Mit-Leiden, Bewältigungsstrategien)
- Praktikumsphase (fallbezogene Praxisbegleitung durch Supervision, Situation der Pflegenden)
- Spiritualität und Religiosität[31]

Dieser letzte Punkt ist religionspädagogisch interessant: Üblicherweise referieren Vertreter der drei großen Religionen (Judentum, Christentum und Islam) an drei Abenden jeweils drei Stunden über die Grundsätze ihres Glaubens (Abschiedsrituale, Begleitung der Angehörigen beim Tod und Bestattungszeremonien). Bei der jetzigen Ausbildung der Familienbegleiterinnen und Familienbegleiter gibt es hierzu ein neues Angebot: Geplant ist der Besuch eines vietnamesisches Hospizes in Berlin, in dessen Rahmen Vorträge zu den Weltreligionen stattfinden sollen. Ein anderes Mal wurde ein Bestattungsinstitut besucht; dort informierte ein Mitarbeiter über die verschiedenen Abschiedsrituale und Bestattungsfeiern.

Um das eigene Verständnis mit Sterben, Tod und Trauer zu intensivieren, findet zu diesem Thema ein eintägiger Workshop am Wochenende statt. Die Psychologin orientiert sich dabei an den Vorgaben des Celler Modells, die sie zum Teil etwas variiert und modifiziert hat.[32] Der Workshop beginnt mit einer Fantasiereise zum Thema „Abschied nehmen", bei dem die Anwesenden mit geschlossenen Augen regungslos auf dem Boden eine Viertelstunde lieben bleiben, während die Leiterin umherläuft und laute Geräusche macht. Mit dieser Übung sollen sich die Teilnehmenden besser mit der Situation der Sterbenskranken identifizieren, die oft bewegungslos im Bett liegen, aber noch alles hören können. Alternativ gehen die Teilnehmenden eine halbe Stunde lang stumm durch den großen Garten des „Sonnenhofes" und müssen sich von allem, was sie sehen, verabschieden. Das Problem des „Loslassens" wird dadurch anschaulicher. Der zweite Teil des Vormittags konzentriert sich auf eine sehr schwierige Übung: Die Teilnehmenden haben eine halbe Stunde Zeit, um eine Sterbemeditation zu planen und ihre eigene Beerdigung vorzubereiten (Entwurf der eigenen Trauerrede mit Angabe des Redners, Musikauswahl, Kleidung der Trauergäste, Ablauf der Andacht).

---

31 vgl. Konzept des „Sonnenhofes", S. 9f., in Verbindung mit: Bundesarbeitsgemeinschaft Hospiz e.V. (2005), S. 11-13

32 vgl. Interview mit Frau Herbst (Psychologin) vom 13.07.2007, in Verbindung mit: Schölper, E. (2004): Sterbende begleiten lernen. Das Celler Modell zur Vorbereitung Ehrenamtlicher in der Sterbebegleitung, S. 83f.

Nach dieser intensiven Anstrengung und dem Austausch darüber findet ein „Mittagessen-Ritual" statt: Jeder trägt etwas zum gemeinsamen Büfett bei. Der Körper soll gut gestärkt werden, und um die Müdigkeit abzuschütteln, findet danach ein weiteres Ritual statt: Auf einen Musiktitel wird (laut Frau Herbst) „abgetanzt". Das Tanzen symbolisiert das Leben im Kontrast zu den vorherigen Überlegungen zu Tod und Sterben, durch das Tanzen erhält der Körper wieder Bodenhaftung.

Der Nachmittag widmet sich einem „Heilungs-Ritual": die Teilnehmenden sollen mit einem verstorbenen Menschen aus ihrem Verwandten-, Freundes- oder Bekanntenkreis einen „Kontakt" herstellen. Dieser „Kontakt" besteht im Verfassen eines Briefes, in dem unausgesprochene Gedanken und Wünsche an den Verstorbenen gerichtet werden. Musik aus Brahms´ Requiem untermalt diese dreißigminütige Übung. Hinterher wird den Teilnehmenden Zeit gelassen, sich über ihre Briefe und die begleitenden Gefühle auszutauschen. Zum Abschluss des Workshoptags werden Wege überlegt, inwieweit das in den Briefen Geschriebene umgesetzt werden kann, z.B. den Brief den Elementen Luft (per Karte am Luftballon), Erde, Wasser oder Feuer zu übergeben.

Generell wird bei Fortbildungen am Ende jeder Abendeinheit ein weiteres Ritual vollzogen: Jeder Anwesende darf sich eine Spruch- oder Witzkarte als Ausgleich zu den vorher behandelten ernsten Themen mit nach Hause nehmen.

Nach der erfolgreich absolvierten einjährigen Ausbildung werden die Familienbegleiterinnen und Familienbegleiter für folgende Aufgaben eingesetzt:

- Entlastung der Familien im täglichen Leben, um den Angehörigen mehr Zeit und Kraft für das erkrankte Kind zu geben
- Aufbau von freundschaftlichen Beziehungen zum erkrankten Kind
- Gesprächspartner von allen Familienangehörigen
- Übernahme von Behördengängen und Begleitung bei Arztbesuchen
- Betreuung der Geschwisterkinder
- Begleitung der erkrankten Kinder während eines Krankenhausaufenthaltes[33]

In der Björn-Schulz-Stiftung wurden bisher über 200 Familienbegleiterinnen und Familienbegleiter ausgebildet. Derzeit betreuen sie ca. 150 Fami-

[33] vgl. Flyer der Björn-Schulz-Stiftung: Familienbegleiter

lien, wobei sich jede Familienbegleiterin bzw. jeder Familienbegleiter jeweils zur selben Zeit nur um eine Familie kümmert (es kann allerdings vorkommen, dass z.B. bei Rund-um-die-Uhr-Betreuung mehrere Familienbegleiterinnen bzw. Familienbegleiter einer Familie zugeordnet sind). Ihre – für die Familie kostenfreie – Anforderung durch die Betroffenen verläuft nach folgendem Schema:

Die betroffene Familie hat durch Broschüren, Bekannte oder durch das Internet vom ambulanten Kinderhospizdienst gehört und meldet sich deswegen im „Sonnenhof". Die Koordinatorin der Familienbegleiterinnen und Familienbegleiter informiert die Familie über deren Einsatzmöglichkeiten. Es findet ein erstes Treffen mit der Koordinatorin und der Familie statt, bei dem die speziellen Bedürfnisse der Familie (z.B. Betreuung von Geschwisterkindern) festgelegt werden. Die Koordinatorin sucht eine geeignete Familienbegleiterin oder einen geeigneten Familienbegleiter aus und vereinbart ein zweites Treffen mit der Familie. Bei dieser Erstbegegnung mit der betroffenen Familie werden in Gegenwart der Koordinatorin der gewünschte Einsatz und die Bedürfnisse der Familie nochmals präzise abgesprochen. Bei den nächsten beiden Einsätzen der Familienbegleiterin bzw. des Familienbegleiters muss von beiden Seiten geprüft werden, ob ein vertrauensvolles Verhältnis aufgebaut werden kann oder nicht. Manchmal ändern sich auch im Laufe der Begleitung die Bedürfnisse.[34]

4.3.2.3. Hilfen für die Familienbegleiterinnen und Familienbegleiter

Die Familienbegleiterinnen und Familienbegleiter können grundsätzlich einmal monatlich eine Supervision (Gruppen- oder Einzelgespräch) in Anspruch nehmen. Bei dringendem Bedarf können sie mit den Psychologinnen Gesprächstermine vereinbaren.

---

34 vgl. Interview mit Frau Thielmann (Koordinatorin für ambulanten Hospizdienst) vom 04.07.2007

4.4. Inhalte der stationären Kinderhospizarbeit

4.4.1. Schwerpunkte im „Sonnenhof"

Im Gegensatz zur ambulanten Kinderhospizbegleitung durch die Familienbegleiterinnen und Familienbegleiter umfasst die stationäre Kinderhospizarbeit folgende Schwerpunkte:

4.4.1.1. Palliativ-pflegerische und palliativ-medizinische Betreuung[35]

Das Kinderhospiz hat im Gegensatz zum Krankenhaus keinen kurativen Auftrag, sondern sieht seine Priorität in der Verbesserung der Lebensqualität durch die Linderung der Schmerzen und die damit verbundenen psychischen Leiden. Bei der palliativ-pflegerischen Betreuung liegt der Fokus auf dem seelischen und körperlichen Wohlbefinden der erkrankten Kinder und derer Angehörigen durch eine liebevolle und zeitaufwändige Pflege[36]. Die Eltern sind bei der Frage nach dem Pflegebedarf des erkrankten Kindes die ersten Ansprechpartner. Sie vermitteln dem Pflegepersonal allgemein ein detailliertes Bild des Kindes und speziell ihre bisherigen Pflegeerfahrungen und Grundsätze.[37] Die Angehörigen werden auf Wunsch in die Pflege mit einbezogen und lernen z.B. die Verabreichung von Schmerzmitteln. Diejenigen Angehörigen, die sich wegen der Schwere der Erkrankung eine Pflege zu Hause zunächst nicht zugetraut haben, werden im Hospiz kompetent durch die Vermittlung theoretischer und praktischer Pflegetechniken auf die häusliche Pflege ihres Kindes vorbereitet. Zur Unterstützung einer individuellen Pflege stehen im *„Rahmen eines interdisziplinären Arbeitskonzeptes Kinderärzte, Psychologinnen, Seelsorgerinnen, Schmerz-, Physio-, Musik- und Kunsttherapeutinnen zur Verfügung"*.[38]

Mit den Angehörigen erfolgt bei der stationären Kinderhospizeinweisung auch eine genaue Absprache, welche Maßnahmen im Falle einer akuten Verschlimmerung des Gesundheitszustands des erkrankten Kin-

---

35 Eine ausführliche Bedeutung der Begriffe „Palliativmedizin" und „Palliativpflege" ist nachzulesen bei: Burgheim, W. (2007): Qualifizierte Begleitung von Sterbenden und Trauernden, Band 1, S. 2f.

36 vgl. Konzept des „Sonnenhofes", S. 7

37 vgl. Interview mit Herrn Müller (Pflegedienstleiter) s.o.

38 Flyer der Björn-Schulz-Stiftung: „Sonnenhof" – Hospiz für Kinder, Jugendliche und junge Erwachsene

des zu ergreifen sind (z.B. Notarzt rufen, Aufnahme in eine Kinderklinik). Wenn sich das Kind bereits in der Finalphase befindet, können die Angehörigen mithilfe einer Patientenverfügung alles Weitere festlegen (z.B. keine Durchführung von lebensverlängernden Maßnahmen).[39]

4.4.1.2. Bedürfnisorientierte psychosoziale Beratungs- und Anleitungsangebote

Die psychosoziale Beratung beinhaltet eine Kombination aus psychologischer Betreuung und der Arbeit des Sozialen Dienstes. Die lebensverkürzende Erkrankung eines Kindes und die darin implizierte Konfrontation mit Sterben und Tod betrifft die ganze Familie. Deshalb richtet sich das psychologische Betreuungsangebot (Verarbeitungs- und Bewältigungsunterstützung, Unterstützung bei Kommunikationsschwierigkeiten und Beziehungsproblemen, Konfliktmediation und Krisenintervention) an alle Familienangehörigen. Dem Wunsch der Familie nach Selbstbestimmung und größtmöglicher Normalität wird dabei Rechnung getragen. Die Mitarbeiter des Sozialen Dienstes (Sozialpädagogen und Sozialarbeiter) unterstützen die Angehörigen bei Entscheidungsfindungen, informieren umfassend über das Case Management (Nachsorge für Familien mit einem schwerkranken Kind nach einem Klinikaufenthalt) und koordinieren die Vernetzung mit verschiedenen Partnern (z.B. Ärzten, Therapeuten, Ämtern).[40]

An die Angehörigen und an alle Berufsgruppen, deren Arbeit mit lebensverkürzend erkrankten Kindern zu tun hat, richtet sich das Angebot der „psychosozialen Akademie".[41] Diese Akademie bietet ein ausführliches Weiterbildungsprogramm mit verschiedenen Ringvorlesungen, Workshops und Seminaren, z.B. zu den Themen „Tod und Akzeptanz", „Die Würde des Menschen beim Sterben" oder „Kleine Kulturgeschichte der Grabsteingestaltung"[42] an.

4.4.1.3. Bedürfnisorientiertes Angebot der Sterbe- und Trauerbegleitung

Der offene Familiennachmittag (jeden Freitag von 15 bis 20 Uhr) steht nicht nur Familien offen, die bereits ein Kind verloren haben, sondern ebenfalls all jenen Familien, deren Kinder gerade ambulant oder stationär vom „Sonnenhof" betreut werden. In vornehmlich heiterer Atmo-

---

39 vgl. Interview mit Herrn Müller s.o.

40 vgl. Interview mit Herrn Müller, s.o.

41 Konzept des „Sonnenhofes", S. 8

42 Flyer der Akademie der Björn-Schulz-Stiftung: Weiterbildungsprogramm 2007

sphäre bei selbst gebackenem Kuchen, Kaffee und Tee kreisen die Gespräche nicht nur um die Vergangenheit, sondern thematisieren hauptsächlich die Gegenwart. Die Angehörigen der Kinder, die gerade ambulant oder stationär betreut werden, sollen durch das Beispiel der anderen verwaisten Angehörigen mitbekommen, dass ein Leben nach dem Tod des Kindes möglich ist, in dem auch Freude und Lachen ihren Platz haben. Der offene Familiennachmittag wird von einem verantwortlichen Familienbegleiter zusammen mit einer anderen Familienbegleiterin, welche die Betreuung der Geschwister übernimmt, und der Koordinatorin der Familienbegleiterinnen und Familienbegleiter geleitet.[43]

Alle vierzehn Tage findet freitagnachmittags parallel zum offenen Familiennachmittag ab 16 Uhr ein offenes Trauercafé unter Begleitung einer Psychologin statt. Es ist offen sowohl für Angehörige, die erst kürzlich ein Kind verloren haben, als auch für Angehörige, bei denen der Tod des Kindes etwas länger zurückliegt. Die Angehörigen können sich dort bei Bedarf mit der Psychologin zu einem Einzelgespräch zurückziehen. Manche nehmen im Anschluss an das Trauercafé noch am offenen Familiennachmittag teil. Dieses Begegnungsangebot wird gut angenommen, und die Gespräche beziehen sich auf die jeweiligen Bedürfnisse der Angehörigen (sowohl Trauerbewältigung als auch Hilfe bei Eheproblemen, Lebensbewältigung etc.). Angehörige, deren Kinder in absehbarer Zeit sterben werden, können dieses psychologische Beratungsangebot ebenfalls in Anspruch nehmen.[44]

An Geschwisterkinder (Alter 6-13 Jahre) gerichtet ist eine weitere Trauergruppe. Da es vielen Kindern schwer fällt, sich über ihre Trauer allein im Gespräch auszutauschen, wurde nach der Auflösung der ursprünglichen Trauergruppe ein neues Konzept gesucht, das für die Kinder attraktiver ist. Die Kinder sollen ein schönes Gemeinschaftserlebnis haben und in der Gruppe wissen: Uns alle verbindet ein gemeinsames Schicksal. Zur Zeit[45] bietet der Sozialarbeiter und ehemalige Deutsche Meister im Turmspringen (Europameister im Synchronspringen), Tobias Schellenberg, ein so genanntes „Geschwisterspringen“ an, zu dem alle drei Wochen regelmäßig (außer wenn Wettkämpfe stattfinden) interessierte Geschwisterkinder im Europa-Sportpark zusammenkommen. Er beginnt mit kleinen Kennenlern-Spielen, die zu Gesprächen

43 vgl. Interview mit René Weißfuß (Familienbegleiter) vom 20.07.2007

44 vgl. Interview mit Frau Kiotseridouq (Psychologin) vom 10.08.2007

45 Sommer 2007

führen. Es folgen erste Sprungübungen auf dem Trampolin in der Trockensprunghalle. Anschließend haben die Kinder die Möglichkeit, für anderthalb Stunden in der Sprunghalle zu schwimmen, ein kleines Sprungtraining zu absolvieren und an Wasserspielen teilzunehmen. Unterstützt wird Herr Schellenberg von einer Frau, die sich besonders um die Mädchen kümmert, und von der Koordinatorin für ambulanten Hospizdienst, die in der Zwischenzeit mit den Angehörigen Gespräche führt. Bisher wurde dieses Angebot von den Kindern begeistert wahrgenommen. Neben dem Geschwisterspringen besteht für einzelne Kinder die Möglichkeit, an einer Kunsttherapie teilzunehmen, die im „Sonnenhof" stattfindet. Bisher haben sich dafür nur Mädchen angemeldet, die nach Bedarf Termine mit der Kunsttherapeutin vereinbaren.[46]

Neun Monate nach dem Tod ihres Kindes werden die Angehörigen, die noch zu Lebzeiten des Kindes mit dem „Sonnenhof" Kontakt aufgenommen hatten, von der Seelsorgerin angeschrieben, ob sie bei einer geschlossenen Trauergruppe mitmachen möchten. Eine frühere Einladung der Angehörigen kommt nach Auffassung der Seelsorgerin nicht in Betracht, da sie diese Zeit bräuchten, um zu sich zu finden und ihren Schock zu überwinden. Diese Trauergruppe findet alle vier Wochen unter der Leitung der Seelsorgerin und einer Sozialarbeiterin statt. Die Teilnahme ist freiwillig; die Teilnehmenden sollten aber möglichst regelmäßig kommen, weil alle Einheiten aufeinander aufbauen. Durch aktive Mitarbeit in dieser Trauergruppe sollen sich die Angehörigen bewusst mit den Tod ihres Kindes auseinandersetzen. Diese Trauergruppe ist auf maximal zwei Jahre angelegt, und die Einheiten werden von den beiden Leiterinnen selbst zusammengestellt.[47]

Im ersten Jahr bezieht sich alles auf den „Weg":

- ich stehe am Anfang meines Weges
- Steine auf dem Weg
- Türen öffnen einen Weg
- Spuren auf dem Weg
- Gleis und Schiene als ein Weg
- Blumen blühen auf dem Weg

---

[46] vgl. Interview mit Frau Löw (Koordinatorin für ambulanten Hospizdienst) vom 10.08.2007

[47] vgl. Interview mit Frau Seidenschnur (Seelsorgerin) vom 10.07.2007

Methodisch beginnen die Treffen mit einer Meditation über das jeweilige Symbol (z.B. Stein oder Tür). Inspiriert durch diese Meditation sollen die Angehörigen anschließend ein Bild dazu malen. Nach dem Austausch über die gemalten Bilder werden noch Texte (z.B. Psalme) vorgelesen, oder es wird etwas gebaut (z.B. Schienen über den Boden verlegt) oder gebastelt. Am Ende jeder Einheit spricht die Seelsorgerin zuerst einen Segen für die verstorbenen Kinder und anschließend den aaronitischen Segen.

Das zweite Jahr beschäftigt sich mit dem „Baum“:

- Blätter im Herbst
- Trauerkreisandacht
- Baum in der Dunkelheit
- neuer Trieb aus altem Baumstumpf
- Jahresringe
- Quelle

Der Baum mit seinen Jahresringen vertieft das Symbol einer Spirale mit ihrem „*zyklischen Charakter. Es sind der Todestag und der Geburtstag des verstorbenen Kindes und die besonderen Tage der Erinnerung, die dem Trauerweg ein Gerüst geben*“.[48]

Zusätzlich lädt die Seelsorgerin am zweiten Sonntag im Dezember, dem weltweiten Kindergedenktag, die Teilnehmenden der Trauergruppe zu einer abendlichen Andacht in ihre Heimatgemeinde ein, bei der verschiedene Texte vorgelesen und Kerzen zum Gedenken an die verstorbenen Kinder angezündet werden

4.4.2. Ein Tag im „Sonnenhof“

Um einen näheren Einblick in das alltägliche Geschehen im Kinderhospiz zu bekommen, skizziere ich einen üblichen Tagesablauf:

Im Gegensatz zum Krankenhaus mit den frühen Weckzeiten dürfen die erkrankten Kinder morgens ausschlafen (solange wie zu Hause), dann übernehmen entweder die Angehörigen oder das Pflegepersonal das Waschen und Anziehen.

---

[48] Pauls, C. / Sanneck, U. / Wiese, A. (2007): Rituale in der Trauer, S. 60f.

Gefrühstückt wird zwischen 9 Uhr und 9.30 Uhr. Auch wenn die meisten Kinder über eine Magensonde künstlich ernährt werden, treffen sich nichtsdestotrotz alle (Kinder, Angehörige und Personal) im Gemeinschaftsraum mit Küche. Die Kinder, die künstlich ernährt werden, spielen während des Frühstücks auf dem Boden.

Zwischen 10 Uhr und 12 Uhr finden z.B. die Physiotherapien statt. Bei gutem Wetter werden die Kinder am Vormittag mit Rollstühlen in den Park gefahren, bei schlechtem Wetter werden verschiedene Spiele, Malen und Vorlesen angeboten.

Das Mittagessen wird in der Zeit von 12 Uhr bis 12.30 Uhr (Ablauf wie beim Frühstück) eingenommen, dem eine Mittagsruhe bis 15.30 Uhr folgt.

Sich daran anschließende Nachmittagsaktivitäten wie z.B. Musik-, Ergo- oder Kunsttherapie, Spielen im Park, Malen und Basteln schaffen vielfältige Begegnungs- und Gesprächsmöglichkeiten.

Mit dem gemeinsamen Abendessen zwischen 18 Uhr und 18.30 Uhr klingt der Tag aus. Ab 18.30 Uhr werden zuerst die jüngeren, danach die älteren Kinder für das Zu-Bett-Gehen vorbereitet, und ab 22 Uhr ist Nachtruhe.[49]

---

[49] vgl. Interview mit Herrn Müller, s.o.

Abbildung 9: Auf dem Weg vom Wintergarten zum Park

5. Begleitung des erkrankten Kindes und seiner Angehörigen

Gerade in der schwierigen Situation, in der sich die lebensverkürzend erkrankten Kinder und ihre Angehörigen befinden, drängen sich allen Menschen, ob religiös sozialisiert oder glaubensfern lebend, förmlich die gleichen Fragen auf wie z.B.: Warum trifft es ausgerechnet mein Kind? Werde ich mit der Krankheit bestraft? Schickt Gott die Krankheit des Kindes als Prüfung? Warum lässt Gott mein Kind sterben? Ist nach dem Tod wirklich alles aus, oder existiert ein Leben nach dem Tod? Gibt es eine Seele? Wohin gehen die verstorbenen Kinder?

Der „Sonnenhof" ist eine überkonfessionelle Einrichtung und wird überwiegend von Familien in Anspruch genommen, die nicht religiös sozialisiert sind. Die oben genannten Fragen spielen in der ambulanten Begleitung der Familien durch die Familienbegleiterinnen und Familienbegleiter eine wichtige Rolle – z.B. stellt das Kind die Frage: Warum ich? Oder äußert es Vorstellungen von einem Leben nach dem Tod? Artikulieren sich die erkrankten Kinder über die Sprache oder eher über gemalte Bilder? Ist für die Angehörigen die Frage nach der Gottesgerechtigkeit (Theodizeefrage) überhaupt wichtig? Wie gehen die Mitarbeitenden des stationären Kinderhospizes mit diesen Fragestellungen um? Wie entwickelt das Pflegepersonal die Vorstellung von einem Leben nach dem Tod (falls die Frage von einem Kind kommt)? Werden die Abschiedsfeiern im „Sonnenhof" eher weltlich oder eher religiös durch eine Aussegnung begangen? Welche Abschiedsrituale finden im „Sonnenhof" beim Tod eines Kindes statt? Inwiefern werden die Angehörigen in ihrer Trauerarbeit begleitet?

Die Beobachtungen lassen sich in die drei Phasen: „Begleitung vor dem Sterben", „Begleitung beim Sterben" und „Begleitung nach dem Tod" unterteilen. Innerhalb dieser Abschnitte werden die jeweilig Betroffenen in den Gruppen „Eltern", „Geschwister" und „das betroffene Kind" dargestellt.

Dabei stellt sich jedes Mal neu die Frage nach der Wahrheit – soll ich sie, darf ich sie sagen? Wie vermittle ich sie?

5.1. Exkurs: Reflexion über den Begriff „Wahrheit"

Bei den nachfolgenden Ausführungen geht es nicht um einen allgemeinen Wahrheitsbegriff, sondern speziell um die so genannte „Wahrheit am Krankenbett", d.h. die Überlegung, inwiefern den lebensverkürzend erkrankten Kindern und deren Angehörigen die Wahrheit über die Ausmaße und möglichen Folgen der Krankheit mitgeteilt werden soll.

Nach Franco Rest beinhaltet die Wahrheit *„immer mindestens zwei Bestandteile: die Wirklichkeit, Realität, die diagnostischen Resultate, das wissenschaftlich Nachprüfbare,...zugleich aber auch die <Liebe>, jenes Produkt aus Begegnung, Dialog, Kommunikation, Selbstverwirklichung (...) Für die Mitteilung einer tödlichen Diagnose benötigt der Betroffene einen Reifeprozess; für die Wahrheit aber braucht er keine Reifung, sondern Liebe, die sich in einer Umarmung eher ausdrückt als in Worten. Für solche Wahrheit ist der Kranke immer reif genug – z.B. auch als kleines Kind –, zumal er seine Wirklichkeit als Sterbender ohnehin besser kennt als der mit den Krücken einer Diagnose sich vortastende Arzt."*[50]

Daraus resultiert, dass es bei der Vermittlung von Wahrheit nicht hauptsächlich um die exakte Darstellung der medizinischen Fakten, sondern vielmehr um die empathische Haltung und das Ringen um die richtigen Worte geht. Diese mitfühlende Haltung betont auch Max Frisch in seinem Sprichwort: *„Man sollte dem anderen die Wahrheit wie einen Mantel hinhalten, damit er hineinschlüpfen kann, und sie ihm nicht wie einen nassen Lappen um die Ohren schlagen."*[51]

Der Arzt, der den Betroffenen (den Angehörigen und/oder dem erkranktem Kind) die Wahrheit verkündet, trägt damit eine große Verantwortung. Es kommt nicht nur darauf an, wie er die Diagnose und Prognose ausspricht. Der Arzt sollte sich für das Eröffnungsgespräch viel Zeit nehmen und sich der Familie für weitergehende Gespräche so oft wie möglich zur Verfügung stellen.

---

[50] Rest, F. (2006): Sterbebeistand, Sterbebegleitung, Sterbegeleit, S. 50f.

[51] Ernst, S. / Engel, Ä. (2001): Christliche Ethik konkret, S. 165

5.2. Begleitung vor dem Sterben

5.2.1. Von der Konfrontation der Eltern mit der Wahrheit bis zur Akzeptanz der neuen Situation

Das Trauerphasenmodell von Elisabeth Kübler-Ross (Verleugnung, Zorn, Wut, Verhandeln, Depression, Annahme / Zustimmung), das ursprünglich aus Interviews mit sterbenden Erwachsenen erstellt worden war, ließ sich in einer Untersuchung von 132 betroffenen Kindern nur bei zweien nachweisen, aber dafür häufig bei deren Eltern.[52] Es bietet somit eine gewisse Orientierung; es können aber auch andere Phasenmodelle Anregung geben, um die Schwierigkeiten der Angehörigen von der Konfrontation der Wahrheit bis zur Akzeptanz der neuen Situation zu verdeutlichen.

5.2.1.1. Das Phasenmodell von Shontz

Das Bewältigungsmodell nach Shontz geht zwar nicht von einer kontinuierlichen Phasenabfolge, sondern von einem zyklischen Bewältigungsprozess von abwechselnder Annäherung und Vermeidung der Realität aus, den er dennoch in Phasen beschreibt[53]:

- In der **Einleitungsphase** werden Symptome wahrgenommen und als leichte oder vorübergehende Störungen interpretiert. Eltern stellen bei ihren Kindern z.B. vermehrte Kopfschmerzen oder allgemeine Schlappheit fest und interpretieren dies als vorübergehendes Unwohlsein des Kindes.

- Es folgt die so genannte „**Warnstufenphase**", in der eine vehemente Beeinträchtigung wahrgenommen, aber nicht akzeptiert wird. Eine neunzehnjährige Mutter stellt bei ihrem Sohn erhöhte Atembeschwerden fest, aber weil sie nicht wahrhaben will, dass er eine schwere Erkrankung hat (die bedrohliche Realität wird ausgeblendet), verabreicht sie ihm seine lebensnotwendigen Medikamente nicht.[54]

---

52 vgl. Puyn, U.: Umgang mit schwerkranken und sterbenden Kindern. In: Becker, P. / Eid, V. (1984), ebenda, S. 48

53 Shontz, F.C. (1975): The psychical aspects of physical illness and disability, New York. In: Leyendecker, C. / Lammers, A. (2001): Lass mich einen Schritt alleine tun, S. 124f.

54 vgl. Interview mit Frau Forst (Einzelfallhelferin) vom 24.07.2007

- Zu Beginn der **Einwirkungsphase** befindet sich der Betroffene in einem schockähnlichen Zustand, der mit emotionalem Vakuum oder auch mit eher angenehm empfundener Distanz einhergeht. Dabei kommt es zur Akzeptanz der Diagnose und in der Folge zu einer neuen Bewertung der Symptome. Wenn den Eltern die Diagnose über die schwere Erkrankung ihres Kindes mit lebensverkürzenden Folgen durch den Arzt vermittelt wird, bricht für sie erst einmal eine Welt zusammen. Sie stehen massiv unter Schock und fühlen sich emotional leer und ausgebrannt. Die Eltern von vier Kindern, als sie erfuhren, dass das älteste Mädchen unheilbar lebensverkürzend erkrankt war, äußerten:

  Mutter: *„(...) Dass (unsere Tochter[55]) unheilbar krank sein sollte, das haben wir erst mal nicht geglaubt, ich habe alle anderen Kinder untersuchen lassen...“* – Vater: *„Man ist dann fassungslos, versteht das erst mal gar nicht, ich will nicht Leid vergleichen und sagen: ich habe jetzt das größte Leid, ich will versuchen, so normal wie es geht weiter zu leben. Es gelingt einem aber nicht...“*[56]

- Nachdem der Schock abgeklungen ist, folgt die **Konfrontationsphase**, die einhergeht mit psychischer Verwirrung, Panik und Hilflosigkeit. Nach und nach realisieren die Betroffenen die möglichen Konsequenzen der Beeinträchtigung. Die Angehörigen fühlen sich zuerst ohnmächtig angesichts der lebensbedrohenden Krankheit ihres Kindes. Danach fragen sie sich u.a.: Warum soll mein Kind keine hohe Lebenserwartung haben, wo es sich doch (angenommen) bisher so gut entwickelt hat? Wieso soll mein (unser) Kind vor mir (uns) sterben? Was ist mit all den Plänen und Zukunftsperspektiven, die ich mir (wir uns) für dieses Kind ausgemalt hatten?

  Die Mutter eines Säuglings (Mädchen) mit einer angeborenen Stoffwechselerkrankung berichtete:

  „Im Krankenhaus hatte man mir zuerst gesagt, dass sie eine Spastik hätte und lange damit im Rollstuhl leben würde. Eigentlich war dann gedanklich ein Stillstand. Man hat die Geburt hinter sich, hat ein zuckersüßes Kind, das sich auch prächtig entwickelt bis zu einem gewissen Zeitpunkt. Da konnte

---

55 Im Film wird hier der Originalname genannt. Ich habe mich aber dazu entschlossen, durchgängig bei allen Zitaten auf die Nennung von Namen zu verzichten; ausdrücklich habe ich das den Eltern in meinen Interviews zugesichert.

56 Aussagen der Eltern aus dem Film „Der lange Abschied“

man sich nicht vorstellen, dass das nicht so weitergehen würde, wie man es sich erträumt hatte, das war nicht nachzuvollziehen..."[57]

Die Auseinandersetzung mit der neuen Situation ist ein sehr langsamer und langwieriger Prozess, in dessen Verlauf die ganze Familie unter einer enormen Belastung steht. Etliche Ehen zerbrechen; wenn beide berufstätig sind, gibt oft eine(r) die Arbeit auf, um rund um die Uhr für das erkrankte Kind zu sorgen.

Die Mutter eines zweieinhalbjährigen Sohnes, der Leukämie hatte, führte dazu aus:

„Durch so eine Erkrankung beim eigenen Kind droht die Familie erst mal zu zerbrechen. Es ist eine unheimliche Belastungsprobe, auf die man gestellt wird, als Eltern und als Geschwisterkinder, es ist alles plötzlich anders..."[58]

Der Vater eines dreieinhalbjährigen lebensverkürzend erkrankten Sohnes sagte:

„Es ist jetzt ein Jahr her, als wir zum ersten Mal von der schweren Erkrankung unseres Sohnes erfahren haben, und von da an veränderte sich das Leben wirklich einschneidend. Ich habe zuerst mein Restaurant aufgegeben, es war sehr wichtig für mich, dass ich jetzt bei ihm war. Ich hatte eine sehr lange Phase der Trauer erst hinter mich bringen müssen, wo es mir nicht so gut ging..."[59]

- Die zuvor erlebte Annäherung an die Realität wird von der **Nacheinwirkungsphase** abgelöst, die sich *„einerseits im Rückzug von der Realität in die Gesundheit und andererseits als Rückzug in die Krankheit bzw. Behinderung"*[60] vollzieht.
- Die **Anerkennungsphase** (letzte Phase) hält sehr lange an, während der sich zyklische Prozesse von Annäherung an die Realität und deren Vermeidung abspielen. In zunehmendem Maße werden die Zeitabstände für Annäherung und Vermeidung geringer - bis zur Schaffung eines so genannten *„Fließgleichgewichts zwischen beiden, das zur inneren Zufriedenheit, Selbstvertrauen und Steigerung des Selbstwertgefühls führen kann."*[61]

---

57 Aussage einer Mutter aus dem Film „Der lange Abschied"

58 Aussage einer Mutter aus dem Film „Sternenkinder"

59 Aussage eines Vaters aus dem Film „Der lange Abschied"

60 Shontz (1975), ebenda

61 Shontz (1975), ebenda

Die Mutter einer dreizehnjährigen unheilbar erkrankten Tochter äußerte:

„Es ist jetzt unser Alltag. Es ist, wie es ist. Manchmal denke ich auch dieses Angebundensein, dass ich nicht über meine Zeit verfügen kann. Ich habe keine Arbeitszeit von 7 bis 14 Uhr, sondern 24 Stunden lang, und das fällt mir schon schwer. Es sind jetzt dreizehn Jahre, dass so viel von mir gefordert wird, und das hinterlässt auch seine Spuren."[62]

5.2.1.2. Das Phasenmodell von Hertl

Nach Hertl[63] vollzieht sich der Prozess der Akzeptanz der aussichtslosen Prognose bei den Angehörigen in folgenden Phasen:

- Das Charakteristische an der **Suchphase** besteht in der Auflehnung gegen die aussichtslose Prognose. Die Angehörigen suchen nach Erklärungen für das Auftreten der Krankheit und machen sich gegenseitig Schuldvorwürfe (z.B. nicht rechtzeitig genug mit dem Kind zum Arzt gegangen zu sein oder die Schwere der Erkrankung von vornherein nicht bemerkt zu haben).
- Die Suchphase wird von der **apathischen und depressiven Erduldungsphase** abgelöst. In ihr dominieren die Handlungsunfähigkeit und scheinbare Resignation der Angehörigen.

  Die Mutter einer dreijährigen Tochter, die einen Tumor am Stammhirn hat, berichtete:

  „Zuerst war es für uns ein Schock, weil die Bedrohung des Tumors lebensbedrohlich war... Ich wollte sie die ganze Zeit begleiten. Sie war schon immer krank, aber erst nach zwei Jahren haben wir es gemerkt..."[64]
- Nachdem die Depression überwunden ist, folgt die **Orientierungsphase**, in der die Angehörigen gezielt nach neuen Handlungsstrategien suchen, um besser mit der Situation umzugehen. Manche Angehörigen wenden sich von der Schulmedizin ab und versprechen

62 Aussage einer Mutter aus dem Film „Der lange Abschied"

63 Hertl, M. (1987): Psychosoziale Probleme und ihre Bewältigung. In: Gutjahr, P. (Hrsg.): Krebs bei Kindern und Jugendlichen. Klinik und Praxis der pädiatrischen Onkologie, Deutscher Ärzte Verlag, Köln, S. 305-333. In: Leyendecker, C. / Lammers, A. (2001), ebenda, S. 162

64 Aussage einer Mutter aus dem Film „Die Sternenkinder"

sich Rettung von „alternativmedizinischen" Heilmethoden. Diese sollen Resignation vermeiden und die Hoffnung aufrecht erhalten[65].

Die Mutter eines sechsjährigen Mädchens mit einem Immundefekt erzählte:

„Ich habe meine Tochter aus dem Krankenhaus rausgenommen und bin mit ihr nach Tibet gefahren. Dort bekam sie Medikamente vom Leibarzt des Dalai Lama. Ich wollte nicht, dass ihr Geist betäubt wird, sondern dass sie bis zuletzt geistig klar denken kann ..."[66]

- Schließlich wird das Schicksal in der **Aktionsphase** akzeptiert, in der die Angehörigen bestrebt sind, ihrem Kind trotz der verringerten Lebenserwartung noch ein erfülltes Leben zu ermöglichen.

  Die Mutter eines Säuglings (Mädchen) mit angeborener Stoffwechselkrankheit sagte:

  „Die Ärzte haben gesagt, dass meine Tochter nicht älter wie ein Jahr wird, und sie ist jetzt zehn Monate alt. Das Wichtigste für uns ist, dass sie keine Schmerzen hat. Wir stellen unsere eigenen Lebensträume und Wünsche, die wir mit ihr hatten, einfach zur Seite, und es geht jetzt nur noch um das Wohl von unserer Tochter. Wir müssen begreifen, dass unsere Tochter so krank ist und dass es eine sehr seltene Krankheit ist. Es hat uns eben erwischt. Wir haben uns nie gefragt: „Warum denn wir?", sondern wir haben es akzeptiert und wir müssen damit umgehen können (...) Es ist eben unheilbar, und wir haben auch keine Hoffnung, wir bewegen uns ganz streng darauf zu, da kann man nicht so tun, als ob es nicht wäre."[67]

5.2.1.3. Hilfen für Eltern und Alleinerziehende

Eltern und Alleinerziehende eines lebensverkürzend erkrankten Kindes stehen physisch durch die aufwändige Pflege und psychisch durch die Sorge um ihr Kind enorm unter Druck. Falls in der Familie noch weitere Geschwister vorhanden sind, die auch versorgt werden müssen, geraten Eltern und Alleinerziehende an ihre Belastungsgrenzen. Manchmal kommt dann noch die Geburt eines Kindes, die plötzliche Erkrankung

---

65 Muthny, F. A. (1990): Bedeutung „alternativmedizinischer" Methoden für die Krankheitsverarbeitung und die Personal-Patient-Beziehung. In: Broda, M. & Muthny, F. A. (Hrsg.) Umgang mit chronisch Kranken, S. 133-141, Thieme, Stuttgart. In: Mittag, Oskar (1994): Sterbende begleiten, S. 116

66 Interview mit einer Mutter vom 13.07.2007

67 Aussage einer Mutter aus dem Film „Der lange Abschied"

eines Elternteils oder eine dringende berufliche Fort- und Weiterbildung dazu, und das Familienmanagement bricht zusammen. Diesen Familien kann mit einem ambulanten (durch Familienbegleiterinnen bzw. Familienbegleiter) oder stationären Kinderhospizangebot (Verhinderungspflege bis zu vier Wochen jährlich) geholfen werden.

Eine allein erziehende Mutter einer achtzehnjährigen erkrankten Tochter und eines hyperaktiven zehnjährigen Sohnes berichtete:

„Also die vierzehn Tage im „Sonnenhof" waren für mich und meine Kinder eine ganz tolle Zeit. Für mich war es schon schwierig, meine Tochter herzugeben[68], weil wir noch nie lange getrennt waren. Ich hoffe auch für die Zukunft, dass meine Tochter im „Sonnenhof" im Notfall einen Platz kriegt."[69]

Eine türkische Familie mit vier Kindern (Säugling, sechsjährige Tochter, neunjährige kranke Tochter, zwölfjähriger Sohn) kam in große Bedrängnis, als die neunjährige leukämiekranke Tochter nach der Knochenmarkstransplantation wegen der Nachschau ständig in die Tagesklinik gebracht und dort wegen ihres schlechten Zustands immer wieder stationär aufgenommen werden musste. Die Sozialarbeiterin des Krankenhauses schlug die ambulante Hospizbegleitung vor, und das Mädchen wurde abwechselnd von drei Familienbegleiterinnen des „Sonnenhofes" betreut.[70]

5.2.2. Exkurs: Die Frage nach Gottes Wirken und Beistand angesichts elterlicher Rückfragen hierzu

Die Frage nach Gottes Eingreifen angesichts des Leidens in der Welt ist eine sehr alte Frage, die bereits in der Antike (Epikur[71]) aufgestellt, in der Neuzeit durch Leibniz[72] wieder aufgegriffen wurde und bis heute aktuell geblieben ist. Der moderne Mensch hat das Gefühl, dass er immer weniger leiden muss, weil z.B. durch die großen medizinischen Fortschritte die Bekämpfung von Krankheiten grundsätzlich möglich ist. Deswegen drängt sich bei der Erfahrung von schwerem Leid (z.B. dem Tod eines

---

68 Gemeint ist damit, dass die Mutter sich nicht um die Pflege ihrer Tochter kümmern musste, sondern Zeit für sich und ihren Sohn hatte, und dies war für sie sehr ungewohnt.

69 Aussage einer Mutter aus dem Film „Der lange Abschied"

70 vgl. Interview mit Frau Schlep (Familienbegleiterin) vom 30.07.2007

71 zu den vier berühmten epikureischen Thesen vgl. Lactantius: De ira Die, S. 13: PL 7, 121. In: Sauer, R. (1986): Kinder fragen nach dem Leid, S. 36

72 Namensgeber der Theodizeefrage (im Jahr 1710)

lebensverkürzend erkrankten Kindes) bei den Angehörigen die Frage auf: Wie verträgt sich Gottes Güte mit diesem Leid?[73] Nachfolgend werden Erklärungsversuche zur Theodizeefrage von der Antike bis in unsere Zeit vorgestellt.

In der Antike vertrat der griechische Philosoph Platon die Meinung, dass die Ideen, aber nicht das Leiden zur eigentlichen Wirklichkeit gehören. Gott ist gut und hat die Wirklichkeit aus der Materie geschaffen, d.h. er hat aus dem vorherrschenden Chaos die größtmögliche Ordnung gemacht. Allerdings war er in seiner Allmacht eingeschränkt, ansonsten hätte er die Übel ebenfalls einordnen können.[74]

Im Alten Testament bezieht sich Gottes Allmacht u.a. auf seine überwältigende Liebe und unbegrenzte Treue zu den Menschen (Hosea 11,8.9). Gott ist fähig, Wunder zu vollbringen, und hat grenzenlose Macht, aber er ist kein Verursacher von allem (in naturwissenschaftlichem Sinne). Gott zieht sich nicht aus der Schöpfung zurück, sondern bleibt bei ihr und den Menschen. Für das Volk Israel bedeutete Gottes Allmacht umfassenden Frieden, Versöhnung und Gerechtigkeit.[75] Das schließt das Bild eines strafenden Gottes nicht aus: Leid wird als „Folge von Schuld" (vgl. Spr. 26,27; Ps 9,16; Ps 57,7), als „Strafe" (2. Sam. 6,16; Dtn. 34,4f.) oder als „göttliches Erziehungsmittel" (vgl. Spr. 13,24; Hiob 33,14-30) angesehen.[76]

Dieser alttestamentarische Ansatz wurde vom Christentum aufgenommen und weiterentwickelt. Bei Augustinus kam es zu einer Moralisierung der Leiden (physische Übel): Sie stammen als Schuld und Strafe von der Sünde (sittliches Übel) ab. Ebenfalls unter Augustinus wurde die Frage nach der Rechtfertigung Gottes dualistisch gedeutet: auf der einen Seite steht der gute Schöpfergott, auf der anderen Seite eine „Art Gegengott"[77]: Markion nennt ihn den bösen Schöpfergott; Augustinus bezeichnet ihn als den freien Willen des sündigen Menschen. Die Allmacht

---

73 vgl. Marquardt, O.: Schwierigkeiten beim Ja-Sagen. In: Oelmueller, W. (1990): Theodizee - Gott vor Gericht, S. 91

74 vgl., ebenda, S. 93

75 vgl. Nipkow, K. E. (2005): Pädagogik und Religionspädagogik zum neuen Jahrhundert, Band 1, Bildungsverständnis im Umbruch. Religionspädagogik im Lebenslauf. Elementarisierung, S. 366f.

76 vgl. Schweidtmann, W. (1991): Sterbebegleitung: menschliche Nähe am Krankenbett, S. 181

77 vgl. Marquardt, ebenda

Gottes wird also wie bei Platon durch die Materie, hier durch den Gegengott eingeschränkt. Der gute Schöpfergott wird nun allerdings dadurch gerechtfertigt, dass er seinen Erlöser (= Jesus) sendet und die Sünde überwunden wird.

In der Neuzeit werden die Übel (sittlich, physisch und metaphysisch) von Leibniz instrumentalisiert, d.h. sie dienen als Mittel zum Zweck (auf dem Weg zu einer besseren Welt geht es nicht ohne Übel; für ein höheres Ziel muss man die Übel in Kauf nehmen). Gott als guter Schöpfergott meint es nur gut; aber eine „Allmachtsschranke" hindert ihn immer noch daran, die Übel aus der Welt zu schaffen, und er lässt sie zu. Schelling geht in seinen Überlegungen zur Theodizee davon aus, dass sich Gott aus der Welt zurückzieht und den Menschen mit ihrem freien Willen die Wahl lässt, sich für das Gute oder das Übel zu entscheiden. Gott hat schwer an seiner dunklen Seite zu tragen, und seine Allmacht wird beschränkt durch ihn selbst.[78] Bei Kierkegaard schließen sich Gottes Allmacht und Güte nicht aus. 1846 vermerkt er in seinen Tagebüchern:

„...Alle endliche Macht macht abhängig, nur die Allmacht kann unabhängig machen, aus Nichts hervorbringen, was Bestand hat in sich dadurch, dass die Allmacht beständig sich selber zurücknimmt. Sie kann geben, ohne das Mindeste ihrer Macht aufzugeben... Dieses ist das Unbegreifliche, dass die Allmacht nicht bloß von allem hervorbringen kann: der Welt sichtbare Totalität, sondern das Gebrechlichste von allem hervorzubringen vermag: ein gegenüber der Allmacht unabhängiges Wesen."[79]

In der Diskussion um die Allmacht Gottes vertritt Dorothee Sölle die Ansicht, dass der Glaube an einen allmächtigen Gott nur noch ein Relikt ist. Für sie hat Gott im Hinblick auf Befreiung vom Leid jegliche Bedeutung verloren; er ist in ihren Augen zu einem apathischen Gott geworden:

„Der allmächtige Herrscher, der Leid verhängt oder aus Leiden befreit,... hat seine alles überragende Bedeutung verloren. Wer sein Leben auf einen Allmächtigen, Fremden, Allesverhängenden gründet, der muss vor die Frage nach der Gerechtigkeit Gottes kommen – und er muss an ihr scheitern."[80]

Eine weitere These besteht in der Philosophie der Autonomie: Wenn Gott die Welt nicht erschaffen hat, kann sie nur der Mensch geschaffen

---

78 vgl. ebenda, S. 94

79 Kierkegaard, S. A. (1949): Die Tagebücher 1834-1855, herausgegeben von Thomas Häcker, Band 1, München, S. 239ff. In: Sauer, R. (1986), ebenda, S. 54

80 Sölle, D. (1978): Leiden, S. 165, Stuttgart. In: Sauer, R. (1986), ebenda, S. 52

haben und trägt jetzt für den Zustand der Welt die alleinige Verantwortung. Nachdem die Rechtfertigung Gottes wegfallen konnte, weil Gott nicht mehr zuständig ist, bleibt die Frage nach einer Rechtfertigung des Menschen (Anthropodizee).[81]

Bei den vorgestellten Versuchen, eine Antwort auf die Frage nach der Rechtfertigung Gottes zu finden (von der Antike bis zur Neuzeit), scheiterten alle Versuche an der Einschränkung der Allmacht Gottes, und es stellt sich die Frage, ob Gott ohne Allmacht noch als Gott bezeichnet werden kann.[82] Das Resultat dieser vielen Erklärungsversuche für die Theodizeefrage lautet übereinstimmend in der Literatur: Es existiert keine Antwort auf die Frage, warum Gott das Leiden (bzw. die Übel) in der Welt zulässt! Wenn Eltern persönlich vom Leid ihres lebensverkürzend erkrankten Kindes betroffen sind, dann kann ihre Warum-Frage nicht auf theoretische oder intellektuelle Weise beantwortet werden, weil dies die Eltern in ihrem Schmerz gar nicht erreicht. Auf gar keinen Fall sollten vorschnelle traditionelle Antworten „im Namen Gottes" gegeben werden.[83]

Kardinal Karl Lehmann äußerte sich zu diesem schwierigen Problem folgendermaßen:

„Wir stocken heute vor diesem Gedanken an eine <höhere Harmonie> als Erklärungsgrund für das Böse und das Leiden in der Welt... Es gibt einen theologischen Missbrauch mit dem menschlichen Leiden, den wir heute tausendfach bezahlen müssen: Leid kommt aus Gottes Hand; die Wurzel der Krankheit ist die Sünde; volle Gesundheit besteht erst im Reiche Gottes; Leiden ist die einzigartige Gelegenheit, innerlich zu reifen; das Leid ist die subtile Erziehung Gottes für den störrischen Menschen... Was problematisch geworden ist, ist nicht der Versuch einer persönlichen und existentiellen Sinnerhellung des Leidens,... sondern die nachträgliche theologische Systematisierung, die unausweichlich den Eindruck erweckt, sie habe keinen Respekt und im Grunde auch nur ein abstraktes Mitleid vor dem Schmerz."[84]

Statt hochgestochener Argumente benötigen die betroffenen Angehörigen vor allem Verständnis für ihre besondere Lage und eine(n) Gesprächspartner(in), der (die) sich auf ihre Bedürfnisse einstellt. Den Angehörigen sollte mit Entschiedenheit klargemacht werden, dass die Er-

---

81 vgl. Nipkow, K. E. (2005), ebenda, S. 361

82 vgl. Marquardt, ebenda, S. 95

83 vgl. Schweidtmann, W. (1991), ebenda, S. 182

84 ebenda

krankung ihres Kindes in keinem Zusammenhang mit einer Strafe Gottes, einer Prüfung Gottes oder als Folge einer Schuld vor Gott zu verstehen ist. Die Frage nach dem Sinn der Krankheit und dem Leid muss offen bleiben, und dieser Zustand muss von den Angehörigen ausgehalten werden.[85] – Eine Familienbegleiterin berichtete, dass fast alle Mütter, die sie bereits begleitet hat und die meistens keine kirchliche Bindung hatten, sie fragten: Warum lässt Gott dieses Leid unserer Kinder zu? Die Familienbegleiterin konnte darauf auch keine Antwort geben, aber sie hat den Frauen angeboten, mit ihnen zu beten und im Gebet die Klage der Frauen vor Gott zu bringen. Dadurch fühlten sich die Mütter ernst genommen, von ihrem angestauten Druck befreit und gelöster. Diese Mütter haben auch jeden Abend für ihre Kinder gebetet, indem sie ihre Hände schützend über die Gesichter ihrer Kinder gelegt haben. Viele Mütter haben sich vorgenommen, dass sie etwas für Andere tun wollen, wenn ihr Kind wieder gesund wird.[86]

Overthür stellt abschließend zur Frage nach dem Leid fest, dass die Menschen die Gründe, warum Gott so und nicht anders handelt, nicht wissen können (es bleibt sein Geheimnis). Gott erscheint mittlerweile, was das Thema Übel und Strafe angeht, in einem neuen Licht:

„Da, wo Gott sonst strafend vorgestellt wird, schubst er durch andere Menschen, durch Ereignisse oder auch Schamgefühle den Übeltäter eher zur Änderung an als ihn streng zu strafen: Ganz überwiegend wird Gott als der gesehen, der jedem eine neue Chance gibt."[87]

Marquardt formuliert in seinem Artikel, dass die *„unmittelbare Antwort auf das Leiden nicht die Theodizee ist, sondern, wo Menschen helfen können, das Helfen, bzw. wo Menschen nicht helfen können, das Glauben... Darum werden die schlimmsten Leiden durch Glauben beantwortet."*[88]

Diejenigen, die an Gott und an Jesus glauben, wissen sich gerade im größten Leid Gott nahe. Er ist nicht fern von den Menschen, und er lässt sie nicht fallen. Sie bleiben auch weiterhin geborgen in seinen Händen. Für den Glaubenden braucht das Leid nicht der Stein des Anstoßes zu

---

[85] vgl. ebenda, S. 183

[86] vgl. Interview mit Frau Glock (Familienbegleiterin) vom 26.07.2007

[87] Oberthür, R. (2000): Die Seele ist eine Sonne. Was Kinder über Gott und die Welt wissen, S. 84, München. In: Nipkow, K. E. (2005), ebenda, S. 374

[88] Marquardt, ebenda, S. 90

werden, dass sie sich in Zukunft von Gott abwenden, sondern sie sollen trotz allem im Glauben gefestigt werden.[89]

Für die Eltern eines zehnjährigen Jungen, der Leukämie hat, spielt die Religion eine große Rolle in ihrem Leben. In der ganzen Wohnung stehen Marienstatuen, und an den Wänden hängen Christusbilder. Die Mutter salbt ihren Sohn regelmäßig, spricht Gebete mit ihm und betet in der Kirche für ihren Sohn. Der Vater ist Hindu und hat ihm aus Indien eine heilbringende Salbe mitgebracht. Die Eltern sehen die Erkrankung ihres Sohnes als eine Art Prüfung im Glauben an. Das Thema „Sterben" wird sowohl von den Eltern als auch von den drei gesunden Geschwistern und dem erkrankten Jungen selbst vermieden.[90] – Die Mutter eines dreijährigen Jungen, der Kindsrheuma (Morbus Still) und einen Hirntumor hatte, hat ihren Sohn im Krankenhaus taufen lassen und viel für ihn gebetet. Sie stellte sich die Frage, warum ein kleines Kind so krank werden muss. Der Tod ihres Sohnes war für die Eltern schließlich eine Erlösung von seinen Leiden. Die Mutter glaubt fest an ein Leben nach dem Tod, in dem sie ihren Sohn wiedersehen wird.[91]

5.2.3. Konfrontation der Geschwister mit der Wahrheit

Neben den Eltern spielen die Geschwister (falls welche in der Familie vorhanden sind) auch eine nicht zu unterschätzende Rolle für das Familienmanagement. Eltern oder Alleinerziehenden fällt es schon sehr schwer, mit dem Wissen über die belastende Diagnose (lebensverkürzende Erkrankung) ihres Kindes umzugehen. Inwiefern sie die Folgen der Krankheit den Geschwistern mitteilen, hängt einerseits vom Alter der Geschwister und andererseits von der Bereitschaft der Eltern ab, überhaupt das mögliche Sterben an dieser Krankheit in Betracht zu ziehen und die Geschwister damit zu konfrontieren. Wenn die Geschwister von den Eltern nichts erfahren, machen sie trotzdem eigene Wahrnehmungen über die fortschreitende und progressive Erkrankung ihres Bruders oder ihrer Schwester. Sie deuten die angsterfüllten Gesichter ihrer Eltern, die oft verzweifelt und traurig sind, und nehmen eine bedrohliche Stimmung wahr, die sich im Raum bemerkbar macht.[92] – Die vierjährige Schwester eines lebensverkürzend erkrankten Säuglings

---

89 vgl. Sauer, R. (1986), ebenda, S. 63

90 vgl. Interview mit Herrn Bernd Schulz (Familienbegleiter) vom 19.07.2007

91 vgl. Interview mit einer Mutter vom 20.07.2007

92 vgl. Glanzmann, G. / Bergsträßer, E. (2001): Begleiten von sterbenden Kindern und Jugendlichen, S. 114

wünschte sich anlässlich des Sommerfestes des „Sonnenhofes" auf einer Luftballonkarte (aufgeschrieben von einem Erwachsenen): *„Mein Bruder soll gesund werden, und Mama soll wieder fröhlich werden und Papa auch!"*[93]

5.2.3.1. Situation der Geschwister

Die Familiendynamik wird durch die lebensverkürzende Krankheit eines Kindes sehr belastet, und meistens haben die Geschwister darunter zu leiden, dass das kranke Kind im Mittelpunkt steht und die Eltern weder die nötige Zeit noch die Muße haben, sich um die gesunden Kinder angemessen zu kümmern.

Eine Mutter (dreieinhalbjährige kranke Tochter; große Tochter ohne Altersangabe) äußerte sich zu diesem Problem folgendermaßen:

„Am meisten Sorgen machte ich mir um die große Schwester, die sowieso schon soviel aushalten muss, und was soll ich ihr sagen, wenn meine Tochter nicht mehr da ist?"[94]

Eine allein erziehende Mutter (achtzehnjährige erkrankte Tochter, zehnjähriger hyperaktiver Sohn) meinte dazu:

„Meine Tochter ist die Nummer eins in der Familie, mein Sohn würde nicht sagen: Mama, jetzt bin ich aber dran! Mein Sohn bleibt zur Zeit auf der Strecke, da er in der Schule emotionale Probleme hat, wo wir jetzt eine Lösung versuchen. Wir versuchen alle drei miteinander auszukommen. Es tut mir schon leid, dass ich für meinen Sohn so wenig Zeit habe, also es macht mir sichtlich Kummer, aber ich muss mich immer zwischen zwei Kindern entscheiden, und meine Tochter hat praktisch den Bonuspunkt!"[95]

Gerade wenn die Familiensituation unübersichtlich und beängstigend ist, brauchen die Geschwister die Gewissheit, dass sie als Kinder ernst genommen werden. Sie haben ein Recht auf ihre eigene Kindheit, und die Eltern sollten sich trotz allem auch für sie Zeit nehmen und ihre Fragen ehrlich beantworten.[96]

Für die Vertiefung des Verständnisses für das erkrankte Kind wäre es für die Geschwister auch gut, wenn sie mit Kleinigkeiten in die Pflege zu Hause mit einbezogen und ermutigt werden, etwas Gutes für ihre

---

93 Aussage eines Mädchens aus dem Film: „Der lange Abschied"

94 Aussage einer Mutter aus dem Film: „Sternenkinder"

95 Aussage einer Mutter aus dem Film: „Der lange Abschied"

96 vgl. Hartkopf, M.: Eröffnung der Kinderhospiztage. In: Deutscher Kinderhospizverein e.V. (2006): Kinderhospizarbeit Begleitung auf dem Lebensweg, S. 14

Schwester oder ihren Bruder zu tun (z.B. vorlesen, Hand halten, Lieblingsmusik vorspielen).[97] – In einer sechsköpfigen Familie (erkrankter zehnjähriger Sohn, dreizehnjähriger Sohn, fünfzehnjährige und siebzehnjährige Tochter) war die Mutter immer sehr angespannt, weil sie Angst hatte, dass ihre drei gesunden Kinder unter den Verhältnissen leiden und zu kurz kommen würden. Sie schickte die beiden Töchter zum Schüleraustausch für ein Jahr nach Kanada. Der ältere Bruder fühlte sich öfters genervt, wenn er mit seinem kranken Bruder spielen oder auf ihn aufpassen sollte. Andererseits spielten die Freunde des älteren Bruders gern auch zusammen mit dem kranken Bruder. Die Geschwister verhielten sich gegenüber ihrem erkrankten Bruder ganz normal, d.h. sie zeigten ihm ihre Zuneigung, aber er bekam auch Ohrfeigen, wenn er ihnen gegenüber frech war.[98]

Zur besseren Bewältigung der Lage sollten die Geschwister die ausdrückliche Erlaubnis bekommen, ihren Freunden, im Kindergarten oder auch in der Schule davon zu erzählen. Ein klärendes Gespräch mit den Erziehern oder Lehrern von Seiten der Eltern ist angebracht, damit diese sich entsprechend auf mögliche veränderte Verhaltensweisen der Kinder (z.B. aggressives oder zurückgezogenes Verhalten) einstellen können.[99]

5.2.3.2. Mögliche Reaktionen der Geschwister

Wenn ein Kind lebensverkürzend erkrankt ist, kann es bei den Geschwistern zu heftiger Eifersucht kommen, weil

- in der Familie stets Rücksicht auf den erkrankten Bruder oder Schwester genommen werden muss
- die Eltern das erkrankte Kind eventuell übermäßig mit Geschenken verwöhnen und die Geschwister leer ausgehen
- die Eltern wegen des erkrankten Bruders oder der erkrankten Schwester nur noch bedrückt und verzweifelt sind
- wegen des erkrankten Bruders oder der erkrankten Schwester die Ferienpläne kurzfristig geändert oder ganz gestrichen werden[100]
- das erkrankte Kind „wie ein Held behandelt wurde, wo Berühmtheiten gebeten wurden, ihm zu schreiben oder es zu besuchen".[101]

---

[97] vgl. Glanzmann, G. (2001), ebenda, S. 85

[98] vgl. Interview mit Bernd Schulz (Familienbegleiter) vom 19.07.2007

[99] vgl. Glanzmann, G. (2001), ebenda, S. 115

[100] vgl. Student, J.-C. (2005), ebenda

5.2.4. Wahrheit über die Situation beim betroffenen Kind

Alle Beteiligten sollten im Angesicht des nahenden Todes die Bereitschaft haben, sich der Wahrheit zu stellen, d.h. sich bewusst zu machen, dass auch ein Kind in jungen Jahren sterben kann. Deswegen ist es sehr wichtig, dass die Eltern dem Kind bei der Konfrontation mit der Wahrheit über seine Krankheit und der anschließenden Bewältigung beistehen.[102] Die Wahrheit über die Situation des lebensverkürzend erkrankten Kindes liegt nicht in der Beantwortung der Frage: Sterben – ja oder nein. Stattdessen stellt sich die Wahrheit wie ein Puzzle mit großen und kleinen Teilen dar. Das Bild des Puzzles soll dazu dienen, dass sich die erkrankten Kinder mit den einzelnen Teilen selbst ein Bild ihrer Situation verschaffen können, das sich genau mit der eigenen Wahrnehmung ihres Körpers und ihrer inneren Kenntnis um ihren Zustand decken sollte. Die Wahrheit ist, dass die Eltern z.B. die Frage nach der Dauer des Klinikaufenthaltes beantworten oder zugeben, dass bestimmte Untersuchungen sehr schmerzhaft sind, statt diese zu verharmlosen. Ein weiteres Puzzleteil besteht darin, dass die Eltern ihre Traurigkeit vor dem Kind zeigen und nicht immer nur *„gute Miene zum bösen Spiel machen."*[103]

5.2.4.1. Argumente für das Aussprechen der Wahrheit

Die Aussage „Die Wahrheit ist dem Menschen zumutbar" fokussiert sich bei Finger in der These, dass vom Sterben bedrohte Kinder ein „Recht auf Wahrheit" und ein „Recht auf Leben" haben, selbst wenn es noch so eingeschränkt ist. Dieses „Recht des Kindes auf Wahrheit" beinhaltet:

„Information und Aufklärung; Vorbereitung auf medizinische Eingriffe; Möglichkeit, Ängste und Beschwerden auszudrücken; Hoffnung erhalten; Gespräch ermöglichen; nicht die Wahrheit <sagen>, sondern die Wahrheit <hören>; Vorstellungen entwickeln lassen... Das „Recht des Kindes auf Leben" stellt sich folgendermaßen dar: So viel Normalität wie möglich; soviel Mitentscheidung wie möglich; die Stärken des Kindes betonen; Kontakte knüpfen; die <Welt> zum Kind bringen; das Leben abschließen helfen..."[104]

Viele Eltern unterschätzen die Widerstandskraft ihrer Kinder; sie meinen, dass sie zu zart und zu zerbrechlich sind, haben Angst davor, ihnen

---

101 Kübler-Ross, E. (2003): Kinder und Tod, S. 95

102 vgl. Specht-Tomann, M. / Tropper, D. (2000): Wir nehmen jetzt Abschied, S. 183

103 vgl. Ritter, M. (2003): Wenn ein Kind stirbt, S. 20f.

104 vgl. Finger, G. (1998): Mit Kindern trauern, S. 120ff., Kreuz Verlag, Zürich. In: Specht-Tomann, M. / Tropper, D. (2000), ebenda

ehrliche Antworten zuzumuten, sie damit zu überfordern oder zu schwer zu belasten. Stattdessen sollte Kindern die Fähigkeit zugetraut werden, dass sie, wenn sie Fragen stellen, eine ehrliche Antwort durchaus verkraften können.[105] Der Antwortende muss behutsam auf die Fragen des Kindes eingehen, genau heraushören, was es eigentlich hören will, und auf jeden Fall die Hoffnung aufrecht erhalten. Die Eltern eines zweieinhalbjährigen leukämiekranken Sohnes, der inzwischen geheilt ist, hatten ihm von Anfang an die Wahrheit gesagt:

„Wir haben ihm immer gesagt, dass er eine sehr schwere Krankheit hat, nicht nur einen Schnupfen, und dass es viele Kinder gibt, die daran gestorben sind. Aber auch viele, die geheilt wurden auf Grund einer schweren Therapie. Er wusste, wenn er die Tabletten nimmt und die Chemotherapie macht, dass es ihm dann erst mal sehr schlecht gehen wird, aber er hat es angenommen."[106]

Die Eltern eines elfjährigen leukämiekranken Jungen sagten ihrem Sohn ebenfalls von Anfang an die Wahrheit über seine schwere Erkrankung. Er fragte, wie seine Überlebenschancen seien. Sie fragten zurück, was er glaube. Er antwortete: „70%." Seine Eltern stimmten ihm zu und machten ihm von Anfang an viel Hoffnung. Als es ihm nach einem Jahr sehr schlecht ging, weil die Knochenmarkstransplantation bei ihm nicht richtig angeschlagen hatte, fragte er seine Eltern, ob er bald sterben müsste. Als sie bejahten, fühlte er sich sehr erleichtert, dass seine Ahnungen richtig waren, und es ging ihm danach drei bis vier Tage lang viel besser als vorher.[107]

Die Hoffnung variiert im Laufe der Zeit, d.h. zuerst ist es die Hoffnung auf Heilung, gefolgt von der Hoffnung auf Zeitgewinn, umgewandelt in die Hoffnung auf ein „gnädiges Sterben" und endet schließlich in der Hoffnung auf ein Leben nach dem Tod. Mit dem Leben nach dem Tod ist u.a. auch die eigene Situation der Eltern gemeint, dass sie fähig sind, ihr Leben nach dem Tod des Kindes zu meistern.[108]

Kinder, die das innere Wissen haben, dass sie bald sterben werden, suchen sich einen Gesprächspartner ihres Vertrauens und stellen konkrete Fragen: Muss ich sterben? Wann muss ich sterben? Wie ist das, wenn ich tot bin?

---

105 vgl. Ritter, M. (2003), ebenda

106 Aussage einer Mutter aus dem Film „Sternenkinder"

107 vgl. Interview mit einem Vater vom 20.07.2007

108 vgl. Ritter, M.: Auseinandersetzung mit der Wahrheit – Stärkung auf dem Lebensweg? In: Deutscher Kinderhospizverein e.V. (2006); ebenda, S. 104

Ein neunjähriges leukämiekrankes Mädchen, dem es sehr schlecht ging, fragte ihre Familienbegleiterin: *„Was ist, wenn ich nicht mehr gesund werde?"* Die Familienbegleiterin fragte zurück: *„Was denkst du darüber? Was sagen deine Eltern dazu?"* Das Mädchen sagte: *„Meine Eltern haben nichts gesagt. Also, was ist, wenn ich nicht mehr gesund werde?"* Die Familienbegleiterin sagte nach längerem Zögern und mit starkem Herzklopfen: *„Wenn du nicht gesund wirst, wirst du sterben."* Das Mädchen war völlig entsetzt, hatte es aber insgeheim schon geahnt. Die Familienbegleiterin ergänzte: *„Wenn du nicht kämpfst, hängst du ewig an den Maschinen und kriegst noch einen Katheder angeschlossen! Es lohnt sich zu kämpfen, bleib bei uns, es gibt Menschen, die dich lieben!"* Nach dieser Aussage wollte das Mädchen um ihr Leben kämpfen, und es ging ihr wirklich besser."[109]

Kleinere Kinder können mit Hilfe von gut gemachten Bilderbüchern (z.B. „Prinzessin Lucy und die Chemoritter" oder „Der Chemokaspar"[110]) oder Erlebnisberichten von Kindern, die geheilt wurden, behutsam in ihre entsprechende Erkrankung eingeführt werden. Bei Kindern, die große Angst vor Krankenhäusern oder schmerzhaften Arztbesuchen haben, können die Eltern mit Arztkoffern ärztliche Behandlungen simulieren und die teilweise unverständlichen Maßnahmen vorab erklären.

In einer Familie wird den Kindern von Anfang an beigebracht, dass sie immer ehrlich sein und die Wahrheit sagen sollen. Dieser Umgang mit der Wahrheit gehört zu den Grundelementen für eine gelingende Kommunikation innerhalb der Familie. Die Kinder lernen allerdings im Laufe ihres Lebens, dass der Umgang mit der Wahrheit gar nicht so einfach ist, weil sie z.B. für eine offene Antwort bestraft werden und sich durch eine kleine Notlüge hätten schützen können. Sie sehen auch bei ihren Eltern im Umgang mit anderen Erwachsenen, dass deren „Wahrheit" manchmal doch nicht so ganz der objektiven Wahrheit entspricht, sondern z.B. leichte Übertreibungen gemacht werden oder eine Sache ganz anders dargestellt wird (zum Vorteil der Eltern). Die Eltern sollten den Kindern klarmachen, dass es grundsätzlich wichtig ist, die Wahrheit zu sagen, aber dass in Ausnahmefällen, wo z.B. der Schutz eines unschuldigen Menschen vor Strafe und Verfolgung auf dem Spiel steht, die „Wahrheit" anders ausgelegt oder mit einer Gegenfrage beantwortet werden kann.

---

[109] vgl. Interview mit Frau Helfrich (Familienbegleiterin) vom 07.08.2007

[110] weitere Informationen zu Kinderbüchern unter www.kinderkrebsstiftung.de

5.2.4.2. Argumente gegen das Aussprechen der Wahrheit

Eltern fällt das Sprechen über den baldigen Tod ihres Kindes besonders schwer, weil sie selbst Betroffene sind und ihrem Kind nicht objektiv gegenüber treten können. Sie haben große Angst vor dem unersetzlichen Verlust ihrer Tochter oder ihres Sohnes und sind so mit ihrem eigenen Schmerz beschäftigt, dass sie sich nicht voll und ganz auf die Bedürfnisse des sterbenden Kindes einstellen können.[111] Ein weiterer Grund für das Vermeiden des Themas „Sterben" kann die Angst vor unangenehmen Emotionen des Kindes wie z.B. Wut, Angst, Enttäuschung, Schmerz, Tränen oder Verzweiflung sein. Außerdem spielen die Angst vor der ungewohnten Nähe und Verbundenheit in Anbetracht des baldigen Sterbens und die Unkenntnis darüber, wie Liebe am besten ausgedrückt werden soll, eine Rolle. Schließlich ängstigen sich die Eltern vor der Aufgabe der Hoffnung, dass sie durch die Anerkennung der Realität (das Kind ist austherapiert) nicht mehr alles für das Kind tun (aktiv die Krankheit bekämpfen) können und vielleicht zu früh die Hoffnung aufgeben.[112] Die Eltern eines siebzehnjährigen Mädchens, das an einer seltenen Krebsart litt, hatten allen Verwandten und Ärzten verboten, mit ihrer Tochter über das Thema Tod und Sterben zu reden, und sie gingen auch fest davon aus, dass ihre Tochter wieder gesund würde. Am Tag vor ihrem Tod wurde den Eltern draußen auf dem Krankenhausflur von den Ärzten gesagt, dass ihre Tochter den nächsten Morgen nicht überleben würde. Als die Eltern später zu ihrer Tochter hineingingen, sagte sie zu ihnen und ihrer anwesenden Oma:

„Ihr seht mich morgen früh nicht mehr. Ich bin dann schon weg. Zwei Engel stehen an meiner Seite und nehmen mich mit in den Himmel. Dort ist es ganz schön!"

An diesem Abend konnten alle Anwesenden zum ersten Mal offen über den Tod reden. Die Tochter hatte sich im Krankenhaus über ihre Erkrankung erkundigt und offenbar bald herausgefunden, dass es für sie keine Überlebenschancen auf Grund mangelnder Medikamente gegen ihre Krebsart gibt. Sie hatte sich allein damit auseinandersetzen müssen und war sehr erleichtert, zum Schluss darüber offen reden zu können und sich in Ruhe von allen verabschieden zu können.[113]

---

[111] vgl. Leist, M. (2004), ebenda, S. 131

[112] vgl. Ritter, M., in: Deutscher Kinderhospizverein e.V. (2006), ebenda, S. 102

[113] vgl. Interview mit einer Großmutter vom 16.07.2007

Ein dreijähriger leukämiekranker Junge sagte kurz vor seiner künstlichen Beatmung zu seiner Mutter: *„Mutti, ich muss sterben!“* Sie antwortete: *„Nein, wir haben doch noch so viel vor.“* Seine Mutter hatte die Realität seines nahenden Todes bisher verdrängt und wollte ihm noch sein inneres Wissen ausreden. Der Junge hatte bis dahin tapfer für seine Mutter durchgehalten und nur der Familienbegleiterin seine Todesahnungen angedeutet: *„Der Osterhase kommt sowieso nicht mehr...“*[114]

Das Gefühl der Eltern, ihre Kinder vor etwas in Schutz nehmen zu müssen, weil diese es nicht verkraften würden, ist vorrangig kein Schutz der Kinder, sondern ein Schutz der Eltern. Die Eltern schützen sich vor unangenehmen Fragen des Kindes, vor dem eigenen Schmerz und vor dem Zeigen der eigenen Traurigkeit in Gegenwart des erkrankten Kindes (wenn das Kind nichts weiß, geraten sie nicht in die Verlegenheit zu weinen).[115]

Bei manchen Eltern existiert eine „magische Angst“ vor dem Sprechen über Sterben und Tod, davor, dass allein durch das Denken oder Sprechen das Unheil herbeizitiert wird. Stattdessen ist „positives Denken“ angesagt, was für das betroffene Kind aber ziemlich belastend ist, weil es dann an seinem schlechten Zustand selbst schuld wäre und „versagt“ hätte.[116] Diejenigen Eltern, die sich weder mit der Realität des nahenden Todes ihres Kindes auseinandersetzen können noch einen Trost für sich selbst finden, sind für ihr sterbendes Kind keine geeigneten Gesprächspartner. Sie sind selbst zu sehr mit sich beschäftigt, um sich auf die Bedürfnisse ihres Kindes in dem Maße einzustellen, wie es der Situation angemessen wäre, und könnten dem Kind auch keinen Trost vermitteln, den sie nicht selbst für sich in Anspruch nehmen. Das Gleiche gilt für Eltern, für die der Tod ein „Tabuthema“ in ihrer Familie ist, die sich noch nie vorher Gedanken darüber machen mussten und für die das kindgerechte Sprechen über den Tod eine Überforderung wäre.

Es empfiehlt sich also bei der Frage nach dem Aussprechen der Wahrheit gegenüber dem lebensverkürzend erkrankten Kind, grundsätzlich eine offene Aussprache mit dem Kind (natürlich behutsam, altersentsprechend etc.) zu führen, damit es keine zu großen Ängste vor der ungewissen Zukunft entwickelt, sondern im Einklang mit seinem inneren Wissen leben kann. Eltern, die aus den verschiedensten Gründen eine Ausspra-

---

114 Interview mit Frau Drews (Familienbegleiterin) vom 23.07.2007

115 vgl. Student, J.-C. (2005), ebenda, S. 101

116 vgl. Ritter, M. (2003), ebenda, S. 22

che mit ihrem Kind scheuen, sollten sich zumindest Gedanken darüber machen, welche anderen Personen Gesprächspartner ihres Kindes sein könnten.

5.2.4.3. Umgang des Kinderhospizes mit der Wahrheit

Wenn ein lebensverkürzend erkranktes Kind im „Sonnenhof" stationär aufgenommen werden soll, werden vorab die Angehörigen befragt, ob das Kind von seinem Krankheitszustand weiß. Wenn dies die Angehörigen verneinen und z.B. dem Kind nur gesagt haben, dass es eine Woche im Kinderhospiz „Urlaub" macht, dann bieten die Mitarbeitenden des Hospizes an, das klärende Gespräch zusammen mit den Angehörigen zu führen. Für den Umgang mit den Kindern ist die Offenheit über die Erkrankung für beide Seiten (auch für das Pflegepersonal) ganz wichtig, damit es bei den Kindern nicht zu Irritationen kommt oder sie eventuell erst von anderen Kindern über ihre Krankheit aufgeklärt werden.[117]

5.2.4.4. Reaktionen des Kindes (auf die Wahrheit und seine lebensverkürzende Erkrankung)

Eine Reaktion auf das Verheimlichen der Wahrheit hat der Liedertexter Rolf Krenzer in folgendem Liedtext gut zum Ausdruck gebracht:

Wir wollten uns immer die Wahrheit sagen

Ich sollte Euch immer die Wahrheit sagen,
wenn Ihr mich nach etwas fragt.
Ich wollte Euch immer die Wahrheit sagen,
weil Ihr auch die Wahrheit sagt.

Ihr wart so groß und ich war so klein,
und was Ihr mir sagtet, das sah ich auch ein.
Ich hab Euch geglaubt und hab Euch vertraut,
dass Ihr niemals lügt, darauf hab ich gebaut.

---

[117] vgl. Interview mit Frau Sebajang (Kinderkrankenschwester) vom 09.07.2007

Ich sollte immer die Wahrheit sagen,
wenn Ihr mich nach etwas fragt.
Ich wollte Euch immer die Wahrheit sagen,
weil Ihr mir auch die Wahrheit sagt.

Da wurde ich so krank, Ihr machtet mir Mut,
Ihr sagtet, sei tapfer; es wird wieder gut.
Da wusste ich nicht mehr, ob Ihr´s ehrlich meint,
denn ich hab gesehen, Ihr habt heimlich geweint.

Ihr wolltet doch immer die Wahrheit sagen,
wenn man Euch nach etwas fragt.
Ihr wolltet doch immer die Wahrheit sagen,
das habt Ihr selber gesagt.

Ich fühl mich schlecht, mir tut alles weh,
und ich weiß nicht, ob ich das weiter durchsteh.
Werd ich noch gesund, ist Hoffnung da?
Ihr lächelt mich an und nickt und sagt ja.

Ihr wolltet doch immer die Wahrheit sagen,
wenn man Euch nach etwas fragt.
Ihr wolltet doch immer die Wahrheit sagen,
das habt Ihr selber gesagt.

Was ist, wenn man stirbt, warum gerade ich?
Ihr erzählt mir vom Tod, doch schon tröstet Ihr mich.
Ich weiß, dass Ihr wisst, dass ich sterben muss,
doch Ihr tut so, als wäre nichts, und gebt mir einen Kuss.

Wir wollten uns immer die Wahrheit sagen,
auch wenn´s noch so weh tut.
Wir wollten uns immer die Wahrheit sagen,
denn zu lügen ist jetzt nicht gut.

Ich spüre, wie einsam und schwach Ihr seid,
Ihr lügt, weil Ihr liebt, und tut mir so leid.
Ich hab doch nur Euch, jetzt lügt nicht zum Schluss.
Sagt mir ehrlich, wie es ist, wenn man sterben muss.

Wir wollten uns immer die Wahrheit sagen,
auch wenn´s noch so weh tut.
Wir wollten uns immer die Wahrheit sagen,
denn zu lügen ist jetzt nicht gut.[118]

Dieser Liedtext drückt die ganze Verzweiflung und bittere Enttäuschung des sterbenden Kindes über den Vertrauensbruch aus, den seine Eltern begangen haben. Das Kind sehnt sich so sehr nach einer offenen Aussprache, aber die Eltern wollen darauf nicht eingehen und bleiben lieber bei ihrer Vertröstungstaktik, um sich selbst zu schützen.

Manche lebensverkürzend erkrankte Kinder leiden darunter, dass sie von ihren Eltern durch falsch verstandene Rücksichtnahme in eine „*Wolke von Schweigen, Behüten, Verdrängen, Ablenken, Vertrösten gehüllt wer-*

---

[118] Text : Rolf Krenzer; Musik: Siegfried Fietz; in: Christliche Ethik konkret, ebenda, S. 172

den."[119] Um ihren Eltern die Illusion der Heilung zu erhalten, schweigen sie ihnen gegenüber.

Dieses „Zusammenreißen" geht auf Kosten der Kinder, weil sie keine Möglichkeit haben, ihren Sterbe- und Trauerprozess offen anzugehen, und auf Kosten der Eltern, die letzte Lebenszeit mit ihrem Kind in wahrer Nähe und Offenheit zu verbringen. Außerdem können bei den Kindern Schuldgefühle auftreten, weil sie ihren Eltern so viel Kummer machen. Die Kinder sind wütend, verbittert und traurig über das mangelnde Vertrauen, das die Eltern in sie setzen.[120]

Wenn Kinder darüber Klarheit haben, dass sie austherapiert sind und nicht mehr geheilt werden können, kann es zum Auftreten großer Ängste kommen. Um die Eltern zu schonen, drücken viele Kinder diese Ängste nicht direkt, sondern eher indirekt oder symbolisch aus. Todesangst manifestiert sich dabei in der Angst, alleingelassen zu werden. In der Geborgenheit der Familie können die Kinder tagsüber ruhig schlafen, aber nachts im dunklen Raum tauchen die Ängste verstärkt wieder auf.

Außer der Angst, alleingelassen zu werden, sind es die Angst vor dem Erleben von großen Schmerzen und die Angst, keine Luft zum Atmen mehr zu haben, welche die Kinder am meisten bedrückt.[121]

Kleine Kinder drücken ihre Ängste eher nonverbal in Bildern aus. Sie sind dankbar darüber, dass sich die Angehörigen Zeit nehmen, um über ihre Ängste zu sprechen. Durch das Malen sollen sie sich aktiv mit ihren Ängsten und der Bewältigung ihrer Krankheit auseinandersetzen. Dazu gehört auch das spielerische Verarbeiten im Rollenspiel (z.B. Nachspielen einer Operation mit dem Kuscheltier).[122]

Zwei Verhaltensweisen kommen bei lebensverkürzend erkrankten Kindern sehr oft vor, nämlich aggressives Abwehrverhalten und lang anhaltendes Schweigen.

Das aggressive Verhalten, das vor allem die Angehörigen, aber auch die Ärzte aushalten müssen, soll den Hilferuf des Kindes signalisieren (ich ertrage das hier nicht mehr, bitte helft mir doch!). Durch das aggressive Abwehrverhalten werden die Angehörigen abgestoßen, weil sie es nicht

---

119 vgl. Specht-Tomann, M. / Tropper, D. (2000), ebenda

120 vgl. Student, J.-C. (2005), ebenda, S. 97

121 vgl. ebenda, S. 69f.

122 vgl. Leist, M. (2004), ebenda, S. 129f.

verstehen und ertragen können (sie wünschen sich eher ein harmonisches Zusammensein). Das sterbenskranke Kind ist bitter enttäuscht und wütend, weil ihm weder die Ärzte noch die Eltern bei seiner Erkrankung helfen können, obwohl es doch immer gut mitgearbeitet hat.

Andererseits belastet das selbst auferlegte Schweigen das erkrankte Kind noch mehr, indem es seine Todesängste steigert, so dass es den Angehörigen erschwert wird, das Kind zu trösten.[123] Auf die Beobachter wirkt dieses Schweigen wie ein Verdrängen der Realität, aber es ist gleichwie bei Aggressionen ein signalisierter Hilferuf.[124]

Manche Kinder schweigen auch aus Angst davor, ihre wichtigen zwischenmenschlichen Kontakte zu ihren Bezugspersonen zu verlieren:

„Das Schweigen dieser Kinder stellt einen vergeblichen Versuch dar, sich gegen soziale Isolierung, emotionale Kälte und ihre eigene Annullierung zu schützen."[125]

Ein weiterer Grund für das Schweigen besteht darin, dass das erkrankte Kind bereits resigniert hat, weil seine Umwelt (Familie und Krankenhauspersonal) keine ehrlichen Antworten auf seine Fragen gegeben hat.[126]

5.2.4.5. Gestaltung des täglichen Lebens in dieser Situation

Die meisten Kinder haben Angst davor, dass sie sich irgendwie von gesunden Kindern unterscheiden und kein „normales" Leben mehr führen können. Sie möchten auch weiterhin in die Schule gehen, keine Einschränkungen beim Essen haben, solange wie möglich noch Sport treiben und sich mit Freunden treffen. Dazu gehört auch der Aufenthalt zu Hause und nicht vorwiegend in Krankenhäusern. Mit körperlichen Veränderungen wie z.B. Haarausfall können sie nur schwer umgehen.[127]

Ein zehnjähriger leukämiekranker Junge, der im Rollstuhl sitzt und künstlich ernährt und beatmet wird, tut so, als ob er ein ganz normales Leben führen würde. Er will weder über seine Krankheit, Sterben und

---

123 vgl. Puyn, U., in: Becker, P. / Eid, V. (1984), ebenda, S. 48-51

124 vgl. ebenda

125 Ortmann, M. (1995): Progredient erkrankte Schüler als schulpädagogische Herausforderung für die Körperbehindertenpädägogik. In: Zeitschrift für Heilpädagogik, 46, S. 160-167. In: Leyendecker, C. / Lammers, A. (2001), ebenda, S. 142

126 vgl. Puyn, U., ebenda

127 vgl. Mittag, O. (1994), ebenda, S. 115

Tod noch über das Thema Krankenhaus (das Wort ist bei ihm panisch besetzt) sprechen. Er ist sehr selbstbewusst und zu den Schwestern vom Pflegedienst, die ihn zu Hause pflegen, fordernd, frech und kommandiert sie gerne herum. Seit einem Jahr geht er in eine integrative Schule; am liebsten spielt er mit seinem Bruder und dessen Freunden Playstation. Er ist froh, dass er einen Familienbegleiter als Gesprächspartner hat (männliches Vorbild), und schmiedet eifrig Berufspläne.[128]

5.2.4.6. Probleme der erkrankten Jugendlichen

Insbesondere, wenn sich lebensverkürzende Erkrankungen bei Jugendlichen erst zu Beginn dieser Lebensphase einstellen und sie nicht schon vom (Klein-)Kindalter an durch diese Erkrankung gezeichnet sind, ergeben sich folgende Problemlagen:

- Jugendliche fühlen sich Gleichaltrigen unterlegen, haben Angst vor der Ablehnung durch ihr soziales Umfeld und versuchen deshalb so lange wie möglich, die Krankheit vor den anderen zu verheimlichen.
- Jugendliche würden sich gerne selbstbewusst präsentieren, aber durch die permanente Veränderung ihres Körpers (einmal durch die schnellere körperliche Reife und durch mögliche therapiebedingte Veränderungen wie Haarausfall, Hautentzündungen und schlimmstenfalls Amputationen) wird es ihnen unmöglich gemacht.
- Bei progressiver Muskeldystrophie erleben die Jugendlichen, dass sie die kleinsten alltäglichen Verrichtungen nicht mehr ausführen können und von Tag zu Tag pflegeabhängiger werden.
- Jugendliche machen gern Zukunftspläne, obwohl sie realisieren, dass ihre Erkrankung die Pläne wahrscheinlich zunichte machen wird.[129]

Bei der Auseinandersetzung mit dem baldigen Sterben erleben gerade Jugendliche ein ständiges Wechselbad der Gefühle, je nachdem in welchem Stadium des Bewältigungsprozesses sie aktuell stehen: Traurigkeit, Depression, Wut, Ängste, Verzweiflung oder neue Hoffnung. Manchmal können Depressionen, Aggressionen und schwere Angstzustände überhand nehmen. Es treten Panikattacken auf, die erst durch die Akzeptanz des nahenden Todes wieder abflauen, wenn die Erkrankten die Zusicherung erhalten haben, dass jederzeit Hilfe und Unterstützung verfügbar

---

[128] vgl. Interview mit Bernd Schulz (Familienbegleiter) vom 19.07.2007

[129] vgl. Leyendecker, C. / Lammers, A. (2001), ebenda

ist und sie nicht alleingelassen werden. Während bei Kindern am besten eine feste Umarmung und die Vermittlung von Sicherheit und Nähe hilft, haben auch erkrankte Jugendliche wie die meisten Pubertierenden mit Zärtlichkeiten und körperlicher Nähe der Angehörigen eher Probleme. Depressionen sind daher eine verständliche Reaktion auf die eingeschränkte Lebensqualität der Kinder und Jugendlichen und auf den möglichen Verlust ihrer Selbstachtung.[130]

Ein sechzehnjähriger Junge, der massive Atmungsprobleme hatte (er litt an septischer Granumolatose), schätzte realistisch ein, dass er nicht mehr lange leben würde. Zu Hause verbrachte er eher selten Zeit, weil seine Mutter mit seiner Krankheit überfordert war, mittlerweile Depressionen bekommen hatte und mit ihm auch nicht offen über seine Krankheit sprechen konnte. Daher täuschte er manchmal Schwächeanfälle vor, um seine Mutter zu entlasten und möglichst im „Sonnenhof" aufgenommen zu werden. Dort ging es ihm sehr gut, weil er sowohl von einem Familienbegleiter als auch einer Einzelfallhelferin gut betreut wurde. Er liebte es, im Auto spazieren gefahren zu werden, und als er merkte, dass er nicht mehr seine geliebten Pommes frites essen konnte, spürte er instinktiv, dass sein baldiger Tod nahte.[131]

5.2.5. Exkurs: Kinder und Jugendliche stellen die Frage nach Gottes Wirken

Viele Kinder und Jugendliche, sowohl die religiös sozialisierten als auch diejenigen, die meinen, dass sie nicht glauben, machen sich Gedanken über Gott. Sie stellen Fragen nach dem Sinn des Lebens und vor allem nach der Frage: Warum bin ich so krank? Warum lässt Gott mich (oder mein Geschwister) so leiden? Die Kinder und Jugendlichen verstehen nicht, wie es trotz Gottes Allmacht und Güte so viel Elend, Leid und Ungerechtigkeit auf der Welt geben kann.

5.2.5.1. Stufenabfolge des religiösen Urteils von Oser und Gmünder[132]

Zum besseren Verständnis der Entwicklung der Gottesvorstellungen bei Kindern und Jugendlichen dient das Stufenmodell von F. Oser und

---

130 vgl. Glanzmann, G. / Bergsträßer, E. (2001), ebenda, S. 64f.

131 vgl. Interview mit René Weißfuß (Familienbegleiter) vom 20.07.2007

132 vgl. Oser, F. / Gmünder, P.: Der Mensch – Stufen seiner religiösen Entwicklung. Ein strukturgenetischer Ansatz, S. 89-193, 1. Aufl. 1984 Zürich, 4. Aufl. 1996 Gütersloh. In: Grom, B. (2000): Religionspädagogische Psychologie, S.68

P. Gmünder, das die Entwicklung des religiösen Urteils vom Kindes- bis zum Erwachsenenalter beschreibt.[133]

Stufe 1 (ca. 6 - 9 Jahre):

In dieser Entwicklungsstufe hat das Kind den Eindruck, dass alle Handlungen von Gott ausgehen und er direkt in das Weltgeschehen eingreift; d.h. der Mensch wird bestraft, belohnt, geleitet, geführt, bekommt Sinn und Vertrauen geschenkt, und Gott erschafft alles. Kinder rücken Gott mit der Vorstellung, dass er wirklich alles kann, in die Nähe eines Zauberers. Das Kind überträgt die Eigenschaften, die seine Eltern kennzeichnen, auf Gott. Dieser gütige oder strafende Gott kann alles hervorbringen, unabhängig von der Natur oder vom Menschen. Der Mensch kann nur reagieren und wird entweder belohnt oder bestraft.

Stufe 2 (ca. 10 - 13 Jahre):

Der Mensch ist nicht mehr der rein Reagierende, sondern er kann im Sinne eines reziproken Verhältnisses Einfluss auf Gott nehmen. Das Kind ist Gott gegenüber nicht mehr hilflos ausgeliefert, sondern es weiß, dass es bei Gehorsam Lohn und Schutz, bei Ungehorsam Strafe empfängt.[134] Trotz dieser Vorstellung eines reziproken Verhältnisses beschleichen Kinder manchmal Zweifel an Gottes Allmacht, ähnlich wie Erwachsene. Sie können z.B. nicht verstehen, warum Gott nicht in Kriege eingreift oder sie von vornherein verhindert. Einige Kinder haben den Eindruck, dass Gott völlig unbeweglich und teilnahmslos von seinem himmlischen Thron aus das menschliche Leid beobachtet.[135]

Stufe 3 (ca. 14 - 17 Jahre)[136]:

In dieser Entwicklungsstufe betrachtet sich der Mensch als autonom, der alle Entscheidungen selbst fällt, ohne dass Gott Einfluss darauf hat. Der Jugendliche macht die Erfahrung, dass auch die guten Menschen Leid erleben und Erfolgserlebnisse ohne Glauben an Gott und Gebete möglich

133 Von den insgesamt sechs Stufen beschreibe ich nur die ersten drei Stufen (es gibt noch eine nicht genauer definierte Vorstufe 0 für Kinder von 0-6 Jahren), weil sich die Stufen 4-6 nur auf Erwachsene beziehen. Die Altersangaben der einzelnen Stufen können sich überschneiden; so gilt z.B. die Stufe 1 ab ca. sechs Jahre, aber auch noch für Vierzehn-/Fünfzehnjährige und entfällt erst ab siebzehn Jahren.

134 vgl. Grom, B. (2000), ebenda

135 vgl. Sauer, R. (1986), ebenda

136 Diese Stufe gilt auch für Erwachsene (ab 18 Jahren), aber für die Abgrenzung der Jugendlichen von Erwachsenen habe ich sie beschränkt.

sind. Es entwickelt sich bei ihm die Vorstellung von einer *„Art Zwei-Reiche-Lehre; ein Gleichgewicht zwischen dem, was <Gottes und was des Menschen ist>."*[137]

5.2.5.2. Thesen zum Umgang mit Leid von Sauer

Ralph Sauer hat zu der Thematik „Wie sprechen wir mit Kindern vom Leid?" insgesamt 13 Thesen erstellt; fünf davon sind plausibel und hilfreich im Umgang mit lebensverkürzend erkrankten Kindern:

- Im Angesicht des Todes benötigen Kinder Hilfe, weil der Tod bei ihnen große Ängste auslöst und sie häufig bedrückt sind.
- Auf gar keinen Fall sollten die Krankheit oder andere Leidensformen in einen Schuldzusammenhang gebracht werden. Gott würde dadurch in ein schlechtes Licht gerückt und grausam erscheinen.
- Vor den Kindern sollte offen zugegeben werden, dass es bis heute keine Antworten auf die Warum-Frage gibt.
- Viel wichtiger als nach Antworten zu suchen ist für die Kinder die empathische Anteilnahme der Angehörigen und der sie begleitenden Menschen.
- Bei der Trauerarbeit kann das Gebet mit Klage und Bitte eine große Hilfe für das Kind sein.[138]

Bezug nehmend auf die letzte These von R. Sauer soll die Möglichkeit des hilfreichen Gebets für lebensverkürzend erkrankte Kinder oder Jugendliche noch einmal betont werden:

„Insofern ist das Beten mit all seiner Möglichkeit, Angst und Leid auf Gott hin zu verbalisieren, für unsere kranken Kinder eine unmittelbare Hilfe. Wenn unser Kind gelernt hat, sich im Gebet Gott mitzuteilen, ihm vertrauensvoll all das zu sagen, was es bewegt, wird es auch in der Verlassenheit des Sterbens die Gewissheit haben, dass er ihm zugewandt und nah ist."[139]

Eine Familienbegleiterin berichtete über ein vierzehnjähriges muslimisches leukämiekrankes Mädchen aus Kabul, das allein nach Deutschland zur Behandlung (ihre Lebenserwartung betrug 20%) geschickt wurde. Aufgrund ihres starken Glaubens betete sie regelmäßig und führte viele

---

137 Grom, B. (2000), ebenda

138 vgl. ebenda, S. 110f.

139 vgl. Leist, M. (2004), ebenda, S. 148

Gespräche über Gott und den Tod mit der Familienbegleiterin. Ihr Glaube hat ihr geholfen, ihr Schicksal zu ertragen und zu überleben.[140]

5.2.5.3. Behandlung der Theodizee-Frage im Religionsunterricht

Abschließend zu den Überlegungen, wie mit Kindern und Jugendlichen über das Thema „Theodizeefrage" gesprochen werden kann, führe ich das Beispiel von Rainer Overthür an, der diese Frage in seinem Religionsunterricht behandelt hat. Er diskutierte mit seinen Schülerinnen und Schülern über die vier von Epikur verfassten Thesen: *„Entweder will Gott die Übel beseitigen und kann es nicht, oder er kann es und will es nicht, oder er kann es nicht und will es nicht, oder er kann es und will es."*[141]

Die erste These (Gott will und kann nicht) fand bei den Schülerinnen und Schülern Verständnis (Gott würde die Menschen verstehen). Die zweite (Gott kann und will nicht) und die dritte These (Gott kann nicht und will nicht) stießen bei ihnen auf vehemente Ablehnung und Empörung (Gott wäre gemein; Gott ist nicht der Gott, den sie kennen). Die vierte These (Gott kann und will) fand die größte Zustimmung, und die Schülerinnen und Schüler würden Gott am liebsten auffordern, dies auch in die Tat umzusetzen, damit er der verzeihende, gerechte Gott wäre, den die Menschen wollen und dem sie zugestehen, dass er aus irgendeinem unbekannten Grund nicht alle Übel beseitigt. Für die Schülerinnen und Schüler wäre es unerträglich, wenn Gott seine liebende Fürsorge gegenüber den Menschen nicht mehr ausübte.[142]

5.2.5.4. Vorstellungen über Sterben, Tod und ein Leben danach

Im Angesicht des drohenden Sterbens befürchtet das Kind, dass die Familie es nach seinem Tod eines Tages vergessen könnte. Deswegen überlegt es sich, welche Dinge es an Eltern und Geschwister zur Erinnerung verschenken könnte. Das Kind schenkt sich selbst in dem Geschenk (pars-pro-toto-Funktion).[143] In Gesprächen muss dem Kind zugesichert werden, dass es erstens nie vergessen werden und zweitens die Familie es bitter entbehren wird. Im Krankenhaus oder zu Hause können Erin-

---

140 vgl. Interview mit Frau Helfrich (Familienbegleiterin) vom 07.08.2007

141 Epikur: Von der Überwindung der Furcht, aus: Gigon, O. (1949): Fragmente über die Götter, S. 80, Zürich. In: Nipkow, K. E. (2005), ebenda, S. 373

142 vgl., ebenda, S. 374

143 vgl. Leyendecker, C. / Lammers, A. (2001), ebenda, S. 146

nerungsfotos gemacht werden, und das Kind darf aussuchen, welches Foto von ihm zu Hause zum Andenken aufgehängt werden soll.[144]

Manche Kinder und Jugendliche haben im Hinblick auf das Wissen um den baldigen Tod noch besondere Wünsche oder Träume. Ein zwölfjähriger Junge mit Fanconi-Anämie interessierte sich sehr für Raumfahrt; sein größter Wunsch war, einmal ein Gespräch mit einem Astronauten zu führen. Sein damaliger Familienbegleiter konnte den Besuch eines deutschen Astronauten der Raumstation Mir beim erkrankten Jungen zu Hause arrangieren.[145] Ein sechzehnjähriger Junge mit septischer Granumolatose hatte kurz vor seinem Tod den Wunsch, dass sich seine Eltern, die voneinander getrennt lebten und zerstritten waren, an seinem Sterbebett die Hände reichten und versöhnten. Sein Wunsch ging in Erfüllung.

Lebensverkürzend erkrankte Kinder werden durch die ständige Bedrohung ihres Lebens so geprägt, dass sie früher als gesunde Kinder reif werden und ein inneres Wissen um ihren Tod besitzen.[146]

Bei der Darstellung der Todesvorstellungen von Kindern haben Wissenschaftler zur besseren Übersicht Stufenmodelle konzipiert, die aber nur als Orientierung dienen können. Kinder können sich auch entgegen dieser Stufenabfolge oder stufenübergreifend entwickeln. Bevor das Kind ein gereiftes Verständnis vom Tod hat, entspricht sein Verhalten mehreren Teilkonzepten, die Wittkowski dargestellt hat:

- Nonfunktionalität: Der Stillstand aller biologischen und psychischen Lebenszeichen
- Irreversibilität: Die Nicht-Umkehrbarkeit eines einmal eingetretenen Todes
- Kausalität: Die Todesursachen sind stets physikalischer bzw. biologischer Art
- Universalität: Die Tatsache, dass jedes Lebewesen einmal sterben muss[147]

---

144 vgl. Leist, M. (2004), ebenda, S. 132f.

145 vgl. Edler, C. / Herrmann, M. (2004): Sterbenszeit ist Lebenszeit. Geschichten aus dem Kinder- und Erwachsenenhospiz, S. 84f.

146 vgl. Puyn, U. (1998): Bildnerisches Gestalten in der ärztlichen Sterbebegleitung von Kindern und Jugendlichen. In: Adam, G., Kollmann, R., Pithan, A. (Hrsg.): Mit Leid umgehen. Dokumentationsband des 6. Würzburger religionspädagogischen Symposiums (Comenius-Institut), S. 161-175, Münster. In: Leyendecker, C. / Lammers, A. (2001), ebenda, S. 57

5.2.5.5. Die Entwicklung des Todeskonzeptes nach Gesell und Ilg

Das Modell von Gesell und Ilg beschreibt sehr detailliert und kleinstufig die Entwicklung des Todesverständnisses ab dem vierten bis zum zehnten Lebensjahr.

1-3 Jahre:

Das Verständnis des kleinen Kindes ist sehr begrenzt oder noch gar nicht vorhanden. Noch beschäftigt sich das Kind nicht mit der Frage nach dem Tod, und es zeigt keine Angst vor dem Sterben. Der Tod wird von ihm als Trennung von kurzer Dauer erlebt, und es glaubt, dass der Tote wieder zurückkehrt.

4 Jahre:

Die Vorstellung vom Tod ist immer noch sehr begrenzt, und das Kind benutzt das Wort, ohne genau zu wissen, was es bedeutet. Es hat die Ahnung von der inneren Verbundenheit von Tod, Trauer und Leid, aber es zeigt keine emotionale Beteiligung. Kinder diesen Alters stellen sich den Tod immer noch als vorübergehenden Schlaf oder Trennung vor.

5 Jahre:

Bei diesen Kindern ist der Begriff vom Tod bereits genauer, greifbarer und signifikanter. Sie erleben den Tod als Ereignis, das zwar die Anderen betrifft (im Wesentlichen alte Menschen), aber in keinem Fall sie selbst. Sie setzen sich eher sachlich und nicht emotional mit dem Tod auseinander, weil ihnen das kognitive Verständnis für die Endgültigkeit des Todes noch fehlt.

Dafür werden sie fähig zur Unterscheidung zwischen lebendig und tot (= bewegungslos). Mit dem Sterben verbinden die Kinder ein Weiterleben unter veränderten Bedingungen und glauben, dass die Friedhöfe voller lebendig Begrabener seien, die immer noch intellektuelle und emotionale Fähigkeiten hätten.

6 Jahre:

Mittlerweile hat sich beim Kind ein ausgeprägtes Bewusstsein für den Tod mit stärkerer emotionaler Beteiligung entwickelt. Das Kind ängstigt sich sehr vor einem möglichen Tod der Eltern oder vor dem Verlassen-

[147] vgl. Wittkowski, J. (1990): Psychologie des Todes, S. 48f., Wissenschaftliche Buchgesellschaft, Darmstadt. In: Leyendecker C. / Lammers, A. (2001), ebenda, S. 47

werden. Mit dem Tod verbindet das Kind deshalb etwas Negatives, weil er Unheimliches, Grausames und Trauriges einschließt. Das Kind personifiziert den Tod als Sensenmann, Skelett oder Teufel.

Das Kind weiß nun mehr von den physischen Begleiterscheinungen des Todes, kennt einige Todesursachen und interessiert sich verstärkt für Beerdigung, Gräber und Särge. Bei Beschäftigungen mit diesem Thema steckt das Kind in einem Zwiespalt zwischen Gruseln und Faszination. Das Kind glaubt, dass es niemals sterben wird.

7 Jahre:

Das Konzept des Kindes ist differenzierter und realistischer als beim sechsjährigen Kind. Das große Interesse an den Begleiterscheinungen des Todes (Beerdigungszeremonien, Grab, Särge) bleibt weiterhin bestehen. Die Kinder denken bei Tod wieder verstärkt an den Tod alter Menschen, um die Ahnung zu verdrängen, dass sie selbst einmal sterben müssen.

8 Jahre:

Das Kind besitzt nun die kognitive Fähigkeit zu verstehen, dass alle Menschen (inklusive es selbst) sterben müssen und dass der Tod an sich unvermeidbar und unwiderruflich ist. Dem Kind wird seine eigene Sterblichkeit bewusst, und es akzeptiert diesen Fakt. Großes Interesse gewinnt nun das Leben nach dem Tod, besonders die biologischen Vorgänge.

9 Jahre:

Spirituelle und philosophische Aspekte des Todes wecken das Interesse des Kindes (z.B. Unsterblichkeit und endlose Seelenwanderung). Es hat Angst davor, dass die Seele den Körper verlässt, gleichzeitig hofft es auf eine Zukunft nach dem Tod. Das Kind interessiert sich nun nicht mehr für die Begleiterscheinungen, sondern hauptsächlich für den Tod selbst.

10 Jahre:

Kinder begreifen das ganze Ausmaß des Verlustes durch den Tod und haben die Fähigkeit zur Trauerverarbeitung. Sie schätzen den Tod realistisch als Naturphänomen ein, als biologischen Prozess am Ende eines Lebens. Das Interesse am Tod verringert sich, und das Kind tendiert wieder dazu, den eigenen Tod zu verdrängen.

Pubertät:

Der Jugendliche zeigt verstärkt Interesse am Tod, besonders was die Spekulationen und die Philosophien über ein Leben nach dem Tod angeht. Daneben hat der Jugendliche eine magische Angst vor dem Tod, die einhergeht mit starken Gefühlsausbrüchen. Die Beschäftigung des Jugendlichen richtet sich auf den Sinn des Lebens und des Todes.[148]

Lebensverkürzend erkrankte Kinder benötigen die Anwesenheit eines Begleiters (Angehörige, Freunde oder Familienbegleiterin / Familienbegleiter), der kontinuierlich zur Verfügung steht, viel Zeit hat und den Kindern eine geistige Beziehung über den Tod hinaus vermittelt.[149] Die Mehrzahl der lebensverkürzend erkrankten Kinder, die im „Sonnenhof" zur Verhinderungspflege aufgenommen werden, ist, bedingt durch ihre Erkrankungen, auch geistig behindert. Manche können nicht mehr sprechen und kommunizieren mit Hilfe von Blicken, Gesten oder einem Sprachcomputer. Auf das Thema Sterben und Tod kommen die Kinder eher selten zu sprechen, weil sie jede Sekunde ihres Lebens noch mit Vitalität ausfüllen möchten. Falls es z.B. morgens beim Waschen und Anziehen doch mal zu einem Gespräch mit der Kinderkrankenschwester zum Thema „Leben nach dem Tod" kommt, wird den Kindern keine vorgefertigte Meinung angeboten, sondern die Kinder werden nach ihren Vorstellungen gefragt, und diese werden weiterentwickelt. Viele Kinder malen auch gern ihre Vorstellungen entweder im Rahmen der angebotenen Kunsttherapie oder bei den vor- und nachmittäglichen Beschäftigungsangeboten. Es kommt bei den Kindern auch immer darauf an, wie sie von zu Hause sozialisiert sind, ob ihre Eltern mit ihnen darüber bereits gesprochen haben oder nicht.[150]

5.2.5.6. Vorstellungen der Kinder über die Existenz nach dem Tod

Im Gegensatz zum Todeskonzept von Gesell und Ilg beschäftigen sich auch jüngere lebensverkürzend erkrankte Kinder schon früh mit Vorstellungen über die Existenz eines Lebens nach dem Tod:

Ein dreijähriges an einem Tumor erkranktes Mädchen, das längere Zeit mit ihrer Mutter im „Sonnenhof" gelebt hat, fragte eines Tages seine Mutter, warum im Teich bemalte Steine liegen. Die Mutter las dem

---

[148] vgl. Gesell, A. / Ilg, F. L. (1946): The Child from Five to Ten (Hasper and Row), New York. In: Leyendecker, C. / Lammers, A. (2001), ebenda, S. 47-49

[149] vgl. Rest, F. (2006), ebenda, S. 198

[150] vgl. Interview mit Frau Sebajang (Kinderkrankenschwester) vom 09.07.2007

Mädchen die Namen vor, von denen dem Mädchen einige als ehemalige Spielkameraden bekannt waren. Die Mutter erklärte ihrer Tochter, dass die Kinder nicht mehr da wären (sie wollte den Begriff „sterben" vermeiden), dass sie jetzt keine Schmerzen mehr hätten und Sternenkinder im Himmel geworden sind. Die Tochter zeigte wegen der bemalten Steine in den folgenden Tagen weiterhin großes Interesse am Erinnerungsteich, und die Antwort ihrer Mutter hatte sie sehr beruhigt. Vorher konnte sie sich nicht erklären, wo die verstorbenen Kinder „hingekommen sind", und hatte ständig nach ihnen gefragt. Sie wollte später auch ein Sternenkind am Himmel werden.[151] Die Vorstellung, als Stern wiedergeboren zu werden, ist unter Kindern sehr verbreitet. Das Symbol des Sterns soll bedeuten: Nachts, wenn alles zur Ruhe kommt, werde ich ein Stern und werde dich beschützen.[152]

Ein vierjähriger leukämiekranker Junge, der von einer Familienbegleiterin betreut wurde, sprach vor seinem Tod mit seiner Mutter darüber, dass er in den Himmel käme und dass er sich darauf freue:

„Mama, du musst nicht traurig sein, ich komme doch als Engel wieder. Ihr sollt alle nicht traurig sein, wenn ich beim lieben Gott bin. Ich bin dann ja ein Engel und immer bei Euch."[153]

Ein sechzehnjähriges krebskrankes Mädchen, das im „Sonnenhof" betreut wurde, wünschte sich, dass nach ihrem Tod ihre Asche auf der Erde verstreut werden sollte. Durch das Einsickern der Asche in die Erde sollte eine Verwandlung (Neugeburt) möglich werden, und sie wollte gern als schwarze Katze wiedergeboren werden[154].

Eine Familienbegleiterin berichtete von einem Erlebnis, das ein von ihr betreutes neunjähriges leukämiekrankes Mädchen beim stationären Aufenthalt gehabt hat. Das Mädchen wurde mit Fieber morgens von ihrem Vater in die Tagesklinik gebracht und bis zum nächsten Tag von den Angehörigen alleine gelassen. Dort wurden verschiedene, schmerzhafte Untersuchungen mit ihr gemacht, und auf Grund ihres schlechten Zustands wurde sie stationär in ein anderes Krankenhaus aufgenommen. Abends bekam das Mädchen Besuch von der Familienbegleiterin und wollte sich nicht mit ihr unterhalten. Der Blick des Mädchens war in eine

151 vgl. Aussage einer Mutter aus dem Film „Sternenkinder"

152 vgl. Interview mit Frau Herbst (Psychologin) vom 13.07.2007

153 zitiert aus Edler, C. / Herrmann, M. (2004), ebenda, S. 75

154 vgl. Interview mit Frau Herbst (Psychologin) vom 13.07.2007

weite Ferne gerichtet, und die Familienbegleiterin hatte das Gefühl, dass das Mädchen im Begriff war, sich aus lauter Enttäuschung über ihre Eltern (sie hatte ihr Urvertrauen in ihre Eltern verloren) aufzugeben und zu sterben. Sie überlebte die Nacht, und am nächsten Tag erzählte sie der Familienbegleiterin: *„Ich höre Stimmen, sie rufen mich!"* Die Familienbegleiterin antwortete: „Dann sag zu ihnen: Geht weg, ich bleib noch hier!" Das Mädchen sagte: *„Nein, ich kann doch nicht mit den Stimmen reden, sonst denken die, ich bin verrückt!"* Die Familienbegleiterin dachte bei sich, dass sich das Mädchen schon innerlich vom Leben verabschiedet hatte und sich auf den Weg zum Sterben begeben wollte, und fragte vorsichtig: *„Willst du leben?"* Das Mädchen erwiderte: *„Ja, hier ist es so schön!"* Darauf sagte die Familienbegleiterin: *„Wenn du nicht mit den Stimmen reden möchtest, dann hau doch mit den Holzteilen auf den Tisch."* Das Mädchen befolgte diesen Rat und hatte in Zukunft ihre Ruhe. Mit den Eltern führte die Familienbegleiterin ein sehr ernstes Gespräch und machte ihnen eindrücklich klar, dass sie ab sofort täglich ins Krankenhaus zu Besuch kommen müssten, damit das Mädchen wieder neues Vertrauen zu ihnen fassen könnte.[155]

---

[155] vgl. Interview mit Frau Helfrich (Familienbegleiterin) vom 07.08.2007

5.3. Begleitung beim Sterben

5.3.1. Reflexion über die Theologie des Sterbens

5.3.1.1. Christliche Tradition

Lange Zeit hat die Kirche in der theologischen Reflexion über das Thema Sterben und Tod mit dem Gericht[156] gedroht und nicht die frohe Heilsbotschaft in den Vordergrund gestellt. Die Sterbenden sollten sich in ihrer Angst der Kirche mit ihren Trostversprechungen zuwenden. Häufig passierte jedoch genau das Gegenteil, dass sich nämlich die Sterbenden von der Kirche abwandten (Gott wurde nicht als Gott der Liebe, sondern als Gott der Rache angesehen). Trotzdem ließ sie der Gedanke an die Hoffnung nicht los, dass sich vielleicht im Angesicht des Todes doch noch ein gutes Ende abzeichnen würde.[157] Sollte es doch einen inneren Zusammenhang zwischen Sterben und Leben geben? Welchen Sinn hat das Sterben im Christentum?

„Sterben ist ein Stück Leben. Tod und Sterben fallen nicht zusammen. Das Sterben ist der Weg, den der Mensch in seiner letzten Lebensphase zurücklegen muss. Es ist immer ein kürzeres oder längeres Stück Leben. Der Beistand, den wir dem Sterbenden leisten, ist daher immer ein Stück Lebenshilfe, eine Hilfe im letzten beschwerlichen Stück unseres Lebens."[158]

Sterben bezeichnet also nur eine besondere Wegstrecke im Leben. Die Frage nach dem Sinn des Sterbens lässt sich folgendermaßen christlich beantworten:

„Gott wird Mensch; Gott begibt sich in die menschlichsten Zusammenhänge von Sterben und Tod; dadurch rettet Gott alle Menschen vom ewigen Tod, ... und Gott begleitet die Sterbenden, wenn alle anderen Begleiter nicht mehr mitgehen, weil sie weiterleben: <Heute noch werde ich mit dir, wirst du mit mir im Paradiese sein>; der Mensch wird nicht erst nach dem Tode oder am Ende der Tage gerecht oder ungerecht gesprochen, sondern er ist bereits erlöst, <wenngleich doch immer noch Sünder>."[159]

---

156 Für nähere Informationen zum Thema Gericht verweise ich auf: Jezler, P. (1994): Himmel, Hölle, Fegefeuer, Wilhelm Fink Verlag, München

157 vgl. Rest, F. (2006), ebenda, S. 139

158 vgl. Böckle, F. (1964): Moral zwischen Anspruch und Verantwortung, Patmos Verlag, Düsseldorf. In: Leyendecker, C. / Lammers, A. (2001), ebenda, S. 150

159 Rest, F. (2006), ebenda

In dieser christlichen Theologie über das Sterben liegt also keine Drohung, sondern im Gegenteil eine froh machende Botschaft. Ihre Einzigartigkeit im Unterschied zu anderen Religionswissenschaften lässt sich ermessen an der Verkündigung der Menschwerdung Gottes, seines Sterbens und Todes und der Rechtfertigung der Sünder durch seine erlösende Tat. Gott wendet sich gerade den Schwächsten und Geringsten unter den Menschen zu. Er hat seine Allmacht eingeschränkt, um selbst mit den Menschen zu leiden, und durch ihn trägt das Sterben des Menschen dazu bei, dass Gott vollendet wird. Wenn die Menschen sterben, geben sie sich Gott hin, der sie erschaffen hat. Sie entschwinden nicht in ein Nichts, sondern sie wissen, dass sie bei Gott bleiben und er sie im Sterben und auch danach begleitet. Insofern geht die christliche Theologie des Sterbens über die bei Sterbenden angewandte „Humanität", „Nächstenliebe" und sonstige so genannte „Spiritualität" hinaus, die auch im Judentum, im Islam, im Buddhismus und im professionellen Handeln im Hospiz existiert.[160]

5.3.1.2. Spiritualität im Kinderhospiz

Die Begründerin der englischen Hospizarbeit, Cicely Saunders, hat in einem Interview einmal gesagt, dass die Begleitung im spirituellen Bereich an der *„Kante zwischen zwei Welten"* stattfinde. Dieser Aspekt der Hospizarbeit würde zwar nicht im Vordergrund stehen, aber er wäre trotzdem wichtig und deutlich stärker als angenommen. Allerdings müsste etwas dabei beachtet werden:

„Spirituelle Begleitung kann nicht von außen verordnet werden, sie kann den Menschen nicht aufgezwängt werden. Spirituelle Begleitung hängt nämlich an der spirituellen Glaubwürdigkeit der Begleiter. Damit steht und fällt sie."[161]

Cicely Saunders erklärte, dass für ihre christliche Spiritualität und die ihres Hospizes ausschlaggebend sei, dass ein Teil der Mitarbeitenden im aufrichtigen Glauben an Gott verwurzelt sei, der hinter der Hospizarbeit stehe und aus dem sie Kraft schöpfen könnten, und dass es außerhalb des Hospizes Menschen gäbe, die diese Mitarbeitenden in ihre Fürbittegebete einschlössen. Es sei nicht entscheidend, dass alle Mitarbeitenden spirituell begleiten oder alle Kranken spirituell begleitet werden, son-

---

160 ebenda, S. 140

161 Saunders, C. (1999): Brücke in eine andere Welt. Was hinter der Hospizidee steht, S. 149, Freiburg. In: Krockauer, R.: „Du nahmst mich bei der Hand": Spirituelle Begleitung von Kindern und ihren Familien an der Grenze des Lebens. In: Deutscher Kinderhospizverein e.V. (2006), ebenda, S. 140f.

dern dass sich unter den Mitarbeitenden Menschen finden, denen ihr christlicher Glaube und ihre Spiritualität am Herzen liege. Spirituelle Begleitung wäre gerade heutzutage eine schwierige Angelegenheit, weil nur noch die wenigsten Menschen religiös sozialisiert seien und viele in der Krise plötzlich eine neue spirituelle Dimension entdeckten, nämlich die Bedeutung der „Dinge hinter den Dingen". Es gehe um das Wahrnehmen einer neuen Perspektive (der so genannte „zweite Blick"), d.h. Sehen lernen mit dem inneren Auge.[162] Die lebensverkürzend erkrankten Kinder sollen von ihren Begleitern mit einem ersten und zweiten Blick wahrgenommen werden, denn sie bergen alle ein Geheimnis in sich, das nur mit dem zweiten Blick gesehen werden kann. Der Sozialpädagoge Gilbert Adam äußerte sich folgendermaßen zu dieser Spiritualität:

„Spiritualität erweitert den Blick in dem Sinne, dass jemand die menschliche Person wirklich mit allen diesen Dimensionen des Herzens, des Geistes, der Intelligenz, des Willens und der Freiheit wahrnimmt."[163]

Dies hat seine Gültigkeit bei dem Bild, das sich der Begleitende von dem erkrankten Kind macht, gilt aber ebenfalls für die eigene Person. Der Begleitende sollte beim Anblick des erkrankten Kindes immer bedenken, dass dieses Kind von Gott geliebt wird und dass es deswegen von einem Geheimnis umgeben ist: In diesem Kind steckt viel mehr als die Krankheit, die es hat, und die Pflege, die es bekommt; es muss noch etwas darüber hinaus geben, was nur zu erahnen ist. Dieses Geheimnisvolle, das über die Krankheit hinausgeht, wird von Dag Hammarskjöld näher beschrieben als *„das Unerhörte – in Gottes Hand zu sein"*.[164] Angesichts der Abgründe im Leben und des Leids in der Welt ist es unerhört und doch wahr, dass der Mensch im Leiden und Mitleiden Anteil an der geheim nisvollen göttlichen Präsenz in der Welt hat.

---

[162] vgl. Krockauer, R.: Diakonische Spiritualität. Brennpunkt einer Theologie sozialer Arbeit. In: Krockauer, R. / Bohlen, S. / Lehner, M. (Hrsg.) (2006): Theologie und Soziale Arbeit. Handbuch für Studium, Weiterbildung und Beruf, München. In: Deutscher Kinderhospizverein e.V. (2006), ebenda

[163] Kappmeier, S. (2001): Professionalität durch Spiritualität. Impulse der Archegemeinschaft von Jean Vanier für den sozialpädagogischen Umgang mit schwerstbehinderten Menschen (unveröffentlichte Diplomarbeit, KFH NW), S. 87, Aachen. In: Krockauer, R., in: Deutscher Kinderhospizverein e.V. (2006), ebenda, S. 142

[164] Hammerskjöld, D. (1965): Zeichen am Weg, S. 67, München. In: Krockauer, R., ebenda

Für die Umsetzung der Spiritualität in die kinderhospizliche Praxis nennt R. Krockauer fünf Aspekte, die von den Begleitenden deutlich berücksichtigt werden sollten:

- Präsenz: Die Spiritualität der Gegenwart fordert eine gewisse Aufmerksamkeit, Verfügbarkeit und Nähe.
- Hören: Die Spiritualität kommt ganz leise daher, will nicht missionieren, sondern achtet sorgfältig auf die Zeichen des Gegenübers.
- Wagnis: Die Spiritualität an sich ist ein Risiko. Den Kindern und ihren Angehörigen kann die Spiritualität nicht wie ein Arzneimittel verabreicht werden. Bestenfalls kann eine Begegnung durch ein Entgegenstrecken der Hand erreicht werden.
- Wachstum: Die Spiritualität in der Not soll keine Notration darstellen, sondern ein echtes Hilfsangebot sein, mit dem die Kinder und Angehörigen in ihrer persönlichen Notlage wachsen können.
- Glaubwürdigkeit: Die Spiritualität muss authentisch und glaubwürdig sein, damit sie von den Kindern, die sehr scharfsinnig sind, überhaupt ernst genommen und akzeptiert wird.[165]

Spirituelle Begleitung in einem Kinderhospiz ist eine schwierige Aufgabe der Seelsorgerinnen, Psychologinnen, Krankenschwestern, Familienbegleiter sowie Familienbegleiterinnen, weil die Kinder und besonders die Angehörigen in dieser Ausnahmesituation des baldigen Sterbens sowohl wachsen als auch innerlich zerspringen können. Die Beziehungen unter den Angehörigen können zerbrechen, der Glaube an Gott – soweit vorhanden – kann ins Wanken geraten, die Menschen machen sich auf die Suche nach einer Hoffnung und finden oftmals nichts. Die spirituell Begleitenden können sich an der Botschaft der christlichen Auferstehungshoffnung festhalten, die C. Saunders so formulierte:

„Ich denke, die christliche Religion hat etwas Besonderes über das Leiden und Sterben zu sagen, was keine andere Religion wirklich sagt. Ich weiß, dass zum Beispiel im Buddhismus viel über das Loslassen gesprochen wird und darüber, das eigene Im-Leben-befangen-Sein loszulassen, nicht aber über das Wachsen durch den Verlust, das im Christentum eine entscheidende Rolle spielt. Auf die Kreuzigung folgt die Auferstehung. Das ist, was das Christentum zu sagen hat.

---

165 vgl. Krockauer, R.: Ernstfall Sterbebegleitung. Seelsorge an der Grenze des Lebens. In: Anzeiger für die Seelsorge Nr. 110, Ausgabe 11-2000, S. 15-19. In: Deutscher Kinderhospizverein e.V. (2006), ebenda, S. 143

Der christliche Gott ist der einzige, der durch die Pforte des Todes geht und dann zurückkehrt, um sie für uns zu öffnen."[166]

In meinen Interviews konnte ich mich davon überzeugen, dass im Kinderhospiz „Sonnenhof" von der Seelsorgerin, den Psychologinnen und einigen Familienbegleiterinnen eine spirituelle Praxis im Umgang mit den lebensverkürzend erkrankten Kindern und ihren Angehörigen durchaus umgesetzt wird.

5.3.2. Bedeutung der Angehörigen beim Sterben

Wenn Angehörige ihr Kind beim Sterben begleiten, ist das einerseits eine der größten Herausforderungen ihres Lebens, andererseits aber in Hinblick auf das Kind die sinnvollste Aufgabe, ihm bei seinem letzten Weg beizustehen.[167] Bei der Begleitung sterbenskranker Kinder sollte ihnen die Möglichkeit gegeben werden, ihre Ängste im Gespräch mit den Angehörigen auszudrücken. Sie sollten ihnen vermitteln, dass sie geborgen und gut aufgehoben sind, dass die Angehörigen für sie ganz zur Verfügung stehen und bereit sind, mit den Kindern das Dunkel auszuhalten und eventuelle Qualen durchzustehen. Wenn sich die gesunden Angehörigen dem sterbenskranken Kind uneingeschränkt widmen, fühlen sie sich oft hilflos ihren eigenen Ängsten gegenüber ausgeliefert. Erst wenn sie ihre eigene Auseinandersetzung mit dem Tod abgeschlossen haben, können sie intensiver auf die Bedürfnisse des Kindes eingehen und ihm die benötigte Geborgenheit schenken.[168]

Viele Angehörige befürchten, dass sie die Sterbebegleitung ihres Kindes zu sehr belasten würde und sie dafür nicht die nötige Kraft hätten. Die Sterbebegleitung gehört allerdings zu den wichtigsten Erfahrungen, die Angehörige machen können, und sie sollte ihnen nicht (z.B. vom Krankenhauspersonal) abgenommen werden. Sie kann auch eine positive Wirkung auf die Begleitenden haben, weil sie viel vom sterbenden Kind lernen können, wie es G. Haas einmal formulierte:

„So geht von diesem Kind dann häufig eine solch wunderbare Reife und innere Heiterkeit aus, dass man dafür dankbar sein muss, sie auf diesem Stück ihres

166 Saunders, C. (1999), ebenda, S. 154, in: Krockauer, R., in: Deutscher Kinderhospizverein e.V. (2006), ebenda, S. 144

167 vgl. Leist, M. (2004), ebenda, S. 133

168 vgl. Puyn, U., in: Becker, P. / Eid, V. (1984), ebenda, S. 53

Lebens begleiten zu dürfen. Von diesen Kindern können wir für unser Leben viel lernen, und dafür bin ich ihnen dankbar."[169]

Der Tod ist dann für die Angehörigen und Geschwister neben aller Trauer auch nach so viel Trostlosigkeit und Leid eine erlösende friedliche Erfahrung, weil das verstorbene Kind nicht mehr länger leiden muss.[170] Im Angesicht des sterbenden Kindes ist bei den Angehörigen die Ambivalenz ihrer Gefühle dem Kind gegenüber nicht mehr existent. Alle negativen Gefühle wie Abwehr, Hass und Abneigung sind verschwunden und durch positive Gefühle wie Liebe und Zuneigung ersetzt worden. Die Angehörigen sind bereit, bei ihrem Kind bis zum letzten Atemzug zu wachen, seine Ängste zu vermindern und dafür zu sorgen, dass es möglichst keine oder nur geringe Schmerzen hat. Für Angehörige hat die Zeit vor dem Sterben des Kindes eine ganz neue Dimension bekommen. Früher haben sie ständig an die Zukunft des Kindes gedacht und sich danach ausgerichtet; jetzt zählt für sie nur noch die Gegenwart. Sie versuchen, die letzte Lebenszeit ihres Kindes so gut wie möglich zu gestalten, sie erleben das Zusammensein ganz intensiv, und sie freuen sich über jeden Tag, den sie gemeinsam mit dem Kind noch verbringen können. Dauerhaft lebensverkürzend erkrankte Kinder benötigen öfters kleine Erfolgerlebnisse und Anerkennung, dass ihr Leben bis zuletzt einen Sinn hat.[171]

5.3.3. Finalphase bei lebensverkürzend erkrankten Kindern und Jugendlichen

Buckingham[172] unterscheidet bei der Finalphase drei unterschiedliche Phasen:

- die Endphase,
- die Sterbephase,
- die Todesphase.

---

[169] Haas, G. (1981): Ich bin ja so allein. Kranke Kinder zeichnen und sprechen über ihre Ängste, S. 24

[170] vgl. Leist, M. (2004), ebenda, S. 140

[171] vgl. Leist, M. (2004), ebenda, S. 134

[172] Buckingham, R. W. (1987): Mit Liebe begleiten. Die Pflege sterbender Kinder, S. 85f., Köselverlag, München. In: Leyendecker, C. / Lammers, A. (2001), ebenda, S. 151f.

5.3.3.1. Endphase

Bei der Endphase können Wochen oder Monate vergehen. Ein Erkennungszeichen bei leukämiekranken Kindern ist die vermehrte Rückfälligkeit, das häufige Auftreten von Komplikationen und ein Rückgang der Phasen, in denen die Krankheitserscheinungen weniger werden. Kinder mit Muskeldystrophie leiden in dieser Phase verstärkt an Atemproblemen. Wenn die lebensverkürzend erkrankten Kinder austherapiert sind, können sie nur noch palliativ-medizinisch behandelt werden. In der Endphase werden Kinder zunehmend desinteressiert an ihrer Umwelt, manche werden depressiv und sehnen sich nach dem Tod.

5.3.3.2. Sterbephase

Die Phase des Sterbens beginnt ab dem Zeitpunkt der Akzeptanz des unabänderlichen Todes. Die meisten Kinder und Jugendlichen bereiten sich auf das Sterben vor, nur manche wehren sich bis zuletzt gegen das baldige Sterben. Es fällt den Kindern und Jugendlichen leichter, diese Stufe zu erreichen, wenn sie schmerzfrei sind und einen inneren Frieden verspüren. Die sterbenden Kinder und Jugendlichen sprechen nicht länger über Heilung, Entlassung oder Pläne für die Zukunft, sondern ziehen sich innerlich zurück.[173]

Sie reagieren überempfindlich auf Überforderungen, z.B. zu viele Geschenke, zu viele Besuche von Freunden, zuviel Unruhe und laute Geräusche oder zu viele Untersuchungen, die eigentlich nichts mehr verbessern oder verändern können. Die Angehörigen sollten ihren Kindern nichts Belastendes mehr aufdrängen, auch wenn es noch so gut gemeint ist. Bei der Auswahl der Geschenke sollte es sich nur um Kleinigkeiten handeln, an denen die Kinder und Jugendlichen wirklich noch Freude haben, z.B. Fotos von gemeinsamen Erinnerungen, gemalte Bilder oder die Lieblingsmusik. Manche sterbenskranke Kinder können nicht tatenlos auf ihr Ende warten, sondern wollen sich bis zur letzten Minute beschäftigen. Diese Kinder bilden eher die Ausnahme, weil im Normalfall mit einer Zunahme der Schwäche des Kindes kurz vor dem Tod zu rechnen ist.[174]

Eine andere Option besteht darin, dass das Kind in dieser Phase ins Koma fällt und trotzdem auf einer elementaren Ebene seines Bewusstseins noch Wahrnehmungen (besonders über die basalen Sinne wie Ge-

173 vgl. Buckingham, R. W. (1987), ebenda

174 vgl. Leist, M. (2004), ebenda, S. 136f.

hör und Berührung) spürt. Deswegen sollte die Kommunikation mit Komapatienten über Berührungen (Hand halten, vorsichtig streicheln) und ruhige Ansprache erfolgen. In der akuten Sterbephase kann die Beziehung zum Kind auch generell über nonverbale Kontakte ablaufen. Die Angehörigen sollten dem Kind ganz nah sein, seinen Schweiß abwischen und einfach nur seine Hand halten.[175]

Ein dreijähriger krebskranker Junge sagte zu seinen Eltern, kurz bevor er ins Koma fiel: *„Die Medikamente helfen ja doch nicht. Mein Schmusi soll noch mal zu mir kommen."* Die Eltern entschlossen sich daraufhin, die Maschinen unter ärztlicher Aufsicht abstellen zu lassen. Auf der Intensivstation bekamen sie die Erlaubnis, die Taufkerze anzuzünden, und sie spielten ihrem Sohn eine CD mit seinen Lieblingsliedern vor und blieben bei ihm, bis er gestorben war.[176]

Für Angehörige ist es eine sehr schwere Entscheidung, lebensverlängernde Maßnahmen für ihr Kind abzulehnen, ohne ein schlechtes Gewissen dabei zu haben, und damit die Realität des nahen Todes ihres Kindes anzuerkennen. Sie können nun nichts mehr machen, außer dass sie ihrem Kind erlauben, sie zu verlassen und den Kampf nicht um ihretwillen noch länger kämpfen zu müssen.[177]

Ein vierzehnjähriges leukämiekrankes Mädchen erwachte im Krankenhaus aus dem Koma und fragte ihren Vater: *„Papa, muss ich sterben?"* Der Vater antwortete: *„Nein."* Kurze Zeit später sagte sie: *„Nein, Papa, ich will nicht mehr kämpfen."* Der Vater erwiderte: *„Du musst auch nicht mehr kämpfen."* Eine Viertelstunde später starb das Mädchen friedlich.[178]

Das Problem der Angehörigen dabei ist die eigene Betroffenheit; ihr eigener Verlust steht im Vordergrund und nicht die Situation des sterbenden Kindes. Schließlich muss das Kind sterben, und die Angehörigen verlieren ein kostbares Leben, wozu sie nicht bereit sind. Der Prozess des aktiven Loslassens des Kindes ist sehr wichtig, um dem sterbenden Kind die möglicherweise auftretenden Schuldgefühle zu ersparen.[179] Die Angehörigen sollten dem Kind gegenüber ihre wahren Gefühle zeigen (z.B. Traurigkeit) und sich nicht verstellen, weil die Kinder sie sofort durch-

---

175 vgl. Leyendecker, C. / Lammers, A. (2001), ebenda, S. 153

176 vgl. Interview mit einer Mutter vom 20.07.2007

177 vgl. Ritter, M. (2003), ebenda, S. 28

178 vgl. Interview mit Frau Glock (Familienbegleiterin) vom 26.07.2007

179 vgl. Becker, P. / Eid, V. (1984), ebenda, S. 28

schauen würden und sich Offenheit von ihren Eltern auch in Bezug auf deren Gefühle wünschen. Manche Kinder können allerdings erst in dem Moment loslassen, wenn keiner mehr bei ihnen im Zimmer ist. Ein Grund dafür könnte sein, dass die Kinder intuitiv spüren, dass die Angehörigen zum Loslassen noch nicht bereit sind und die Kinder sie deswegen schonen wollen.[180]

Die Ärztin Ulrike Puyn sagte über die letzte Sterbebegleitung von Kindern:

„Jedes Kind stirbt seinen eigenen Tod, jedes Kind braucht unsere Hilfe, um geborgen leben, mehr noch, um geborgen sterben zu können. Nur wenn Kinder nicht mehr schweigen, auf uns Rücksicht nehmen müssen, können sie so tapfer sterben wie der kleine Prinz von Saint-Exupéry: Da ist es. Lass mich einen Schritt allein tun."[181]

5.3.3.3. Todesphase

Das Eintreten in die Todesphase macht sich durch einige körperliche Veränderungen bemerkbar, z.B. dass sich die Körperunterseite dunkel verfärbt, der Mund häufig offen hängt, die Pupillen eine verminderte Reaktion auf Lichteinwirkung zeigen sowie durch einen leblosen Blick. Außerdem bedeutet eine geringe Pulsfrequenz, leichenblasse, wächserne Haut und ein Gesicht, das eingefallen aussieht, dass der Tod demnächst eintritt.[182] Beim sterbenden Kind kann durch Veränderungen des Stoffwechsels leichte Verwirrtheit (z.B. Verwechseln der Identität, des Raumes, der Zeit) auftreten. Das Kind atmet unter erschwerten Bedingungen, weil sich die Lunge mit Flüssigkeit füllt und der Austausch von Sauerstoff gegen Stickstoff nicht mehr richtig funktioniert. Der Moment des Todes ist meistens ganz kurz; er ähnelt einem Einschlafen, das tote Kind hat keine Schmerzen mehr, und sein Bewusstsein verlässt den Körper.[183]

---

180 vgl. Kübler-Ross, E. (2002): Über den Tod und das Leben danach, S. 62f.

181 Puyn, U., in Becker, P. / Eid, V. (1984), ebenda, S. 56

182 vgl. Duda, D. (1986): Für dich da sein, wenn du stirbst. Vorschläge zur Betreuung, S. 176, Papyrus Verlag, Hamburg. In: Leyendecker, C. / Lammers, A. (2001), ebenda, S. 155

183 vgl. Leyendecker, C. / Lammers, A. (2001), ebenda, S. 154f.

5.3.4. Sterbeorte

Wenn die behandelnden Ärzte den Angehörigen versichert haben, dass vom medizinischen Standpunkt wirklich nichts mehr getan werden kann und das Kind austherapiert ist, gibt es für die Eltern drei Möglichkeiten: Entweder sie trauen sich zu, ihr Kind mit nach Hause zu nehmen und es dort bis zum Schluss zu pflegen, oder das Kind bleibt die ganze Zeit über im Krankenhaus, oder die Eltern nehmen es vielleicht zuerst nach Hause und bringen es in der Finalphase ins Kinderhospiz.

5.3.4.1. Sterben zu Hause

Wenn es irgendwie zu bewerkstelligen ist, sollte das lebensverkürzend erkrankte Kind seinen größten Wunsch erfüllt bekommen, nämlich die Finalphase zu Hause zu verbringen, wo es seine Familie in der Nähe hat, die ihm noch einmal ihre Liebe in vielerlei Hinsicht erweisen kann und wo es in seiner vertrauten Umgebung ist. Die Erfahrung, dass die Finalphase mit der ganzen Familie geteilt wurde, ist für den späteren Umgang mit der Trauer und für die Akzeptanz des Todes besonders wichtig.[184] Bevor die Angehörigen über die Erfüllung dieses Wunsches endgültig entscheiden, müssen sie sich zuerst mit den eventuell auftretenden Ängsten auseinandersetzen:

- die Angst, mit dem sterbenden Kind allein zu sein
- die Angst, die palliativ-medizinische Betreuung nicht fachgerecht leisten zu können
- die Angst mit der seelischen Verfassung des Kindes und seinen Fragen überfordert zu werden
- die Angst, dass das Kind ins Koma fallen könnte und dass dann auch keine Kommunikation mehr möglich wäre
- die Angst, die restlichen Familienmitglieder mit der Betreuung zu Hause zu überfordern und vielleicht sogar vom Partner in den letzten Stunden alleingelassen zu werden.

Wenn die Angehörigen sich nach langem Abwägen der Vor- und Nachteile dafür entschieden haben, das Kind zu Hause zu betreuen, benötigen sie die Zusage des Krankenhauses oder des Kinderhospizes, dass sie sich bei eventuell auftretenden Schwierigkeiten sofort dorthin wenden können und aufgenommen werden.[185] Für eine Betreuung zu Hause spricht

[184] vgl. Leist, M. (2004), ebenda, S. 138

[185] vgl. Student, J.-C. (2005), ebenda, S. 66ff.

sowohl, dass dann die sterbenden Kinder nicht unter Trennungsangst (das ist ihre allergrößte Angst) leiden, als auch, dass es für die Angehörigen ein großer Trost ist, ständig in der Nähe ihres Kindes zu sein.[186] Zu Hause verhält sich das sterbende Kind ruhiger und gelöster, weil es seine vertraute Umgebung genießt und sich bei den Angehörigen und Geschwistern geborgener fühlt als in einer anonymen und ggf. hektischen Krankenhausatmosphäre.[187]

Die Mutter einer zehnmonatigen Tochter mit einer angeborenen Stoffwechselkrankheit äußerte:

„Meine Tochter und ich waren am Freitag Abend noch gemeinsam im <Sonnenhof> zum Kaffeetrinken und Quatschen. Alle haben sie gestreichelt. Um 20 Uhr waren wir zu Hause und haben völlig inniglich gekuschelt. Gegen 22 Uhr fing sie an sich zu übergeben, auf einmal gähnte das Püppchen ganz süß und ausgiebig. Da wusste ich auf einmal instinktiv, jetzt geht es vorbei. Ich habe sie ganz ruhig in meinen Armen gehalten und gestreichelt. Mein Mann kam zehn Minuten, bevor sie die letzten Atemzüge von sich gab, nach Hause, als ob sie auf ihren Papa noch gewartet hatte."[188]

5.3.4.2. Sterben im Krankenhaus

Auch wenn es der Wunsch der Kinder ist, die letzte Zeit zu Hause zu verbringen, ist dies in vielen Fällen nicht möglich, weil entweder das sterbende Kind infolge seines schlechten Gesundheitszustandes nicht nach Hause entlassen werden kann, sich die Angehörigen die Pflege zu Hause nicht zutrauen oder auch das Kind selbst entscheidet, im Krankenhaus von der Schmerzmittelversorgung her am besten betreut zu sein.[189] Ein weiterer Aspekt besteht darin, dass sich die Angehörigen später keine Schuldvorwürfe machen wollen, nicht alles medizinisch Mögliche für ihr Kind getan zu haben. Sie machen bis zum Schluss verzweifelte Anstrengungen, um ihr Kind noch zu retten, indem sie auf „maximalen Behandlungen bestehen", obwohl diese Versuche aus ärztlicher Sicht von vornherein vergeblich sind.[190] Im Krankenhaus ist es teilweise nicht möglich, dass die ganze Familie das Kind bis zum Schluss begleiten kann. Jüngeren Geschwistern ist es wegen der hohen Infektions-

---

[186] vgl. Mittag, O. (1994), ebenda, S. 114

[187] vgl. Puyn, U., in: Becker, P. / Eid, V. (1984), ebenda, S. 54

[188] Aussage einer Mutter aus dem Film „Der lange Abschied"

[189] vgl. Leist, M. (2004), ebenda

[190] vgl. Mittag, O. (1994), ebenda, S. 115

gefahr (z.B. bei Leukämie) verboten, Besuche zu machen, und bei mehreren Geschwistern kann vielleicht immer nur ein Elternteil beim sterbenden Kind sein, und der andere muss sich um die Geschwisterbetreuung kümmern. Manche sterbenden Kinder haben auch Angst davor, ihre Angehörigen zu sehr zu belasten, und schicken sie dann weg und behaupten, dass es bei ihnen noch nicht so weit sei. Wenn das Krankenhauspersonal das Gefühl hat, dass die Angehörigen das sterbende Kind gut begleiten, dann wird die Familie eine Zeitlang allein gelassen, um die letzte Gemeinsamkeit nicht zu stören.

Ein sechzehnjähriger sterbender Junge, der auf Grund seiner Erkrankung größte Atemprobleme hatte, wünschte sich außer seinen Angehörigen noch den Beistand seiner Einzelfallhelferin und seines Familienhelfers, zu denen er das größte Vertrauen hatte (seinen Angehörigen traute er nicht). Er hatte ihnen vorher gesagt, dass sie alles mitmachen sollten, ohne sich einzumischen oder Widerspruch zu erheben, das wäre sein Wunsch, und es müsste alles so geschehen, wie es kommt. Seine Oma hatte einige Male bei ihm versucht, mit verschiedenen Ritualen seine Krankheit auszutreiben, was er der Einzelfallhelferin verheimlicht hatte, und er wusste nicht genau, was alles an seinem Sterbebett noch passieren würde. Das Auftauchen seiner rumänisch-orthodoxen Großeltern und einiger anderer Verwandter machten dem Jungen große Angst, weil er sich insgeheim vor ihrem seltsamen Aussehen und Auftreten fürchtete. Sie hatten ihm ein Totenhemd anfertigen lassen und verlangten von ihm, dass er es jetzt anziehen sollte, was für ihn sehr schlimm war. Die rumänische Verwandtschaft murmelte Gebete vor sich hin, und die Einzelfallhelferin saß ganz dicht an seinem Bett und hielt seine Hand. Plötzlich sah der Junge Gestalten vor sich auftauchen und rief aus: *„Jetzt kommen sie und holen mich!"* Er hatte schon früher diese Gestalten gesehen, und nun erklärte er sich bereit, mit ihnen zu gehen. Als bei ihm kurz vor dem Tod die Schnappatmung einsetzte, zündete der rumänische Großvater eine Kerze an, und alle drei (Großvater, Junge und Einzelfallhelferin) hielten ihre Hände um die Kerze verschlungen. Sie hielten diese Kerze nahe an sein Gesicht, und der Großvater sprach Gebete dazu. Der Junge hatte einen schweren Todeskampf und kam ständig noch zu sich, z.B. als plötzlich ein Handy klingelte. Als die Krankenschwester das Zimmer betrat, nachdem er gerade gestorben war, war sie wegen der brennenden Kerze außer sich.[191]

---

[191] vgl. Interview mit Frau Forst (Einzelfallhelferin) vom 24.07.2007

Manche Angehörigen sind mit der Aufgabe der Sterbebegleitung überfordert oder nicht ganz mit ihren Gedanken dabei. Dies muss für das Kind eine schlimme Erfahrung sein, und deswegen sollte vom Krankenhauspersonal mit den Angehörigen eine Abstimmung erfolgen, dass eine geeignete Begleitperson (z.B. Krankenschwester oder Seelsorgerin) für die Angehörigen einspringt, um dem Kind die erforderliche Nähe und den Trost zu vermitteln. Genauso wie bei der Betreuung des Kindes zu Hause ist es auch im Krankenhaus für die Angehörigen ganz wichtig, ihr Kind bis zum Ende zu begleiten, um die Trennungsangst des Kindes zu überwinden und um für sich selbst den Tod besser akzeptieren zu können.[192]

5.3.4.3. Sterben im Kinderhospiz

Für lebensverkürzend erkrankte Kinder und Jugendliche ist beim Eintreten der Finalphase ein sofortiger, zeitlich unbegrenzter Aufenthalt im Kinderhospiz möglich. Die Angehörigen sollten vorher Kontakt mit dem Kinderhospiz aufgenommen haben (z.B. im Rahmen einer Verhinderungspflege oder eines Besuchs), damit sie schon eine Vertrauensbasis zum Pflegepersonal schaffen konnten, und um sich mit der Einrichtung des ganzen Hauses (z.B. Gästezimmer, Elternappartements) vertraut zu machen. Für die Angehörigen ist es ganz wichtig, dass sie beim Pflegepersonal auf vertrauenswürdige Gesprächspartner stoßen, die sie in ihren Ängsten ernst nehmen, ihnen jederzeit hilfreich zur Seite stehen und mit denen sie alle auftretenden Fragen im Hinblick auf die Todesphase oder krankheitsbedingte Komplikationen besprechen können.

Die Eltern eines Säuglings mit einer seltenen Stoffwechselkrankheit beschlossen, dass sie sich zusammen mit ihrem kranken Sohn und ihrer gesunden Tochter beim Eintritt der Finalphase in den „Sonnenhof" aufnehmen lassen würden. Die Mutter erklärte dazu: *„Im Krankenhaus haben sie uns eine Therapie angeboten. Die Entscheidung ist uns sehr schwer gefallen, aber wir wollten darauf hören, was unser Sohn will, als wir die Therapie abgelehnt haben, (als) klar war, dass es keine Hoffnung mehr gibt, wenn wir das Kind nicht mehr behandeln lassen."* Der Vater sagte: *„Es war schon schwer, hier überhaupt hinzukommen, zu wissen, jetzt gibt es keinen Weg mehr zurück, andererseits war es klar..."* Die Mutter warf ein: *„Am Tag, als es passiert ist, bin ich rausgegangen und habe mich auf die Bank gesetzt und mich von der Herbstsonne bescheinen lassen, und ich habe es gespürt, dass es heute kommt. Meine größte Befürchtung war, dass er Schmerzen haben würde oder dass es*

---

192 vgl. Leist, M. (2004), ebenda, S. 139

ganz dramatisch wird, weil man uns gesagt hatte, wie er sterben wird, und davor hatte ich ganz doll Angst, weil er würde eben ersticken, und das wollte ich nicht. Ich wollte, dass wir Morphium kriegen für den Fall der Fälle. Das war auch sehr schwer, aber wir hatten es dann da und brauchten es aber gar nicht." Der Vater ergänzte: *„Unsere Tochter war auch mit dabei. Sie war noch auf einem Geburtstag gewesen, den ein Junge im Hospiz gefeiert hatte. Ständig ging die Tür auf, und alle guckten herein und sahen unseren Sohn an. Wir waren beide so müde, und wir spürten, dass es jetzt reichte. Dann hat unsere Tochter sich noch verabschiedet von unserem Sohn, anders als sonst, ganz lange, und ihn ruhig gestreichelt."* Die Mutter fuhr fort: *„Dann kam die Schwester rein und sagte, jetzt geht er gleich. Ich war schockiert. Er wollte vorher noch ein bisschen Leben haben und hat darauf gewartet, dass alle draußen waren. Es war für mich schon ein großer tiefer Schmerz, aber es war auch so friedlich. Wir durften unseren Sohn noch die ganze Nacht bei uns haben, und das geht nirgendwo. Das hätten wir zu Hause nicht geschafft, das wäre in der Klinik nicht gegangen, das geht nur hier."*[193]

[193] Aussage von Eltern aus dem Film „Der lange Abschied"

5.4. Begleitung nach dem Tod

Mit der Verabschiedung vom eben verstorbenen Kind beginnt die Phase der Bewältigung dieses Schicksalsschlags für die Angehörigen. Dabei wird zwischen der unmittelbaren Zeit nach dem Eintreten des Todes bis zur Beerdigungszeremonie und dem sich anschließenden Prozess der längerfristig angelegten Trauerarbeit unterschieden.

Für die erste Zeit gilt es, in formelhaften, rituellen Praktiken einen ersten Zugang zur Situation des „Plötzlich-nicht-mehr-da-Seins" als Hilfe dafür zu schaffen, dass die Angehörigen in dieser Phase von ihrem Schmerz oft noch überwältigt sind.

5.4.1. Rituale

Rituale ermöglichen das Ausdrücken des Unbegreiflichen und Unbewussten in Form von Handlungen, die nach festgelegten Regelungen ablaufen und in den meisten Fällen von der Allgemeinheit akzeptiert sind. Sie dienen der Unterstützung des gesellschaftlichen Lebens und werden vor allem in Zeiten, in denen Übergänge stattfinden - z.B. Geburt, Hochzeit, Tod - benötigt. Das bewusste Erleben dieser Übergänge soll mit Hilfe der Rituale, die an Bewährtes anknüpfen und gut nachvollziehbar sind, erleichtert werden. Es besteht eine alte Verbundenheit zwischen Ritualen und Kulthandlungen, die sich in kirchlichen Sakramenten wiederfinden lässt (z.B. bei Taufe, Trauung oder der kirchlichen Trauerfeier).[194]

Rituale können in Krisensituationen zur Orientierung dienen, wenn sich z.B. ein trauernder Angehöriger vor dem Vollzug des Rituals ein bestimmtes Ziel setzt, was er gern erreichen möchte. Die Wirkungen, die Rituale auf Einzelne und auf die Gemeinschaft haben können, beschreibt die amerikanische Psychotherapeutin Achterberg sehr treffend:

„Rituale dienen als Wegweiser und Verhaltensmaßstäbe in Krisenzeiten, wenn Körper, Geist oder Seele angegriffen sind. Der Akt des Rituals ermöglicht es den Menschen, Erfahrungen miteinander zu teilen und einander sichtbar zu unterstützen. (...) Die wesentliche psychologische Wirkung des Rituals liegt darin, dass es Menschen durch schwierige Zeiten geleitet, Sterbende, Schwerkranke, Menschen in emotionaler Krise. Das Ritual liefert eine Landkarte für das un-

---

[194] vgl. Leyendecker, C. / Lammers, A. (2001), ebenda, S. 190

sichtbare, unbekannte und nicht vermessene Territorium, das sie durchschreiten."[195]

Das Ritual kann also eine heilende Wirkung ausüben, und es kann Ängste, Gefühle von Entfremdung und Depressionen zurückdrängen. Die Depression kann durch den aktiven Vollzug des Rituals aufgehellt werden, und der Mensch hat die Option, durch die Mitgestaltung seiner Gegenwart für die Bewältigung der Zukunft Hoffnung zu gewinnen.[196]

5.4.2. Abschiedsrituale

Unter einem Abschiedsritual kann eine gut vorbereitete und bewusst vollzogene symbolische Handlung verstanden werden, die Gedanken und Emotionen der trauernden Person Ausdruck verleiht. Diese symbolische Handlung hängt von der Persönlichkeit des Trauernden und von seinen jeweiligen Bedürfnissen ab. Sie kann Grundbausteine von älteren Ritualen enthalten oder völlig frei gestaltet sein. Das Ritual kann entweder nur einmal oder mehrfach oder fortlaufend vollzogen werden. Seine symbolische Handlung soll sich aus der Alltagsroutine hervorheben und bisher ungewohnte Erfahrungen ermöglichen. Durch ein Abschiedsritual wird der Trauernde ganzheitlich berührt, weil Körper, Geist und Seele angesprochen werden.[197]

In allen Abschieden ist bereits ein wenig Loslassen und Sterben enthalten. Diese Übergänge werden bewusst rituell gestaltet mit Händedrücken, Umarmungen, ein letztes Nachwinken, Abschiedsreden, -worten oder -liedern. Wenn ein Mensch gestorben ist, müssen sich die Begleitenden mit dem Abschiednehmen zwangsläufig auseinandersetzen, auch wenn es ihnen schwer fällt. Viele Menschen haben Angst vor dem Anblick eines Leichnams und wollen sich dies lieber ersparen, aber für die Realisierung des Todes ist das Ansehen des Toten eminent wichtig.

„Den geliebten Verstorbenen nicht mehr als Toten gesehen zu haben, ihn nicht mehr berührt zu haben, wird von sehr vielen Trauernden später als großes Versäumnis beklagt."[198]

---

195 Achterberg, J.: „Rituale sind die Wegweiser der Heilung". In: Psychologie heute, 1993, 20. Jahrgang, Heft 9, S. 35-40. In: Nijs, M. (1999), ebenda, S. 31

196 vgl. ebenda, S. 32

197 vgl. ebenda, S. 29

198 Jerneizig, R. / Schuber, U. (1991): Der letzte Abschied. Ratgeber für Trauernde. S. 25, Klartext Verlag, Essen. In: Leyendecker, C. / Lammers, A. (2001), ebenda, S. 192

Eine Hilfestellung beim Abschiednehmen für die Angehörigen bildet die Aufbahrung des verstorbenen Kindes. Durch verschiedene Abschiedsrituale (z.B. Waschen, Ankleiden, Bewachen) können dem verstorbenen Kind noch letzte Liebesbeweise erteilt werden, und die Angst vor dem Sterben und dem Tod kann von den Angehörigen überwunden werden. Die Abschiedsrituale drücken Zuwendung und Dank für das verstorbene Kind aus. Sie sind keine Belastung, sondern eine Hilfe für die Hinterbliebenen, weil sie aktiv etwas tun können und nicht dem ganzen Geschehen passiv ausgesetzt sind.

Nach dem Eintritt des Todes werden am Verstorbenen rituelle Handlungen durchgeführt: Zuerst werden dem Toten die Augen, dann der Mund geschlossen. Der Tote hat nun seine Ruhe gefunden. Anschließend wird der Leichnam im Trauerhaus (Krankenhaus / Hospiz / Bestattungsinstitut) gewaschen, angezogen, aufgebahrt, der Sarg geschmückt und der Tote bewacht. Kerzen werden angezündet als Symbol für die Ewigkeit des Lebens. In früheren Zeiten wurden der Sarg und der Aufbahrungsraum mit Efeu und immergrünen Tannenzweigen geschmückt (Symbole des ewigen Lebens). Mit diesen stark duftenden Pflanzen (heute werden eher Rosen, Lilien oder Nelken genommen) sollte der Eigengeruch des Leichnams vermindert werden. Die Totenwache zu Hause dauerte drei Tage und wurde von den Angehörigen und den Nachbarn gehalten. Vor dem endgültigen Verschließen des Sarges konnten alle zum letzten Mal Abschied nehmen - mit einem Händedruck, einem Kuss oder mit letzten Worten. Heutzutage sind die Abschiedsrituale eventuell aus Zeitmangel, Gelegenheitsmangel oder mangels genauer Kenntnisse eher rudimentär vorhanden, und der psychologische Effekt (Bewältigung der Trauer), der mit diesen Ritualen verbunden war, wird übersehen.[199]

5.4.2.1. Abschiedsrituale zu Hause

Wenn ein Kind zu Hause gestorben ist, können sich die Eltern soviel Zeit nehmen, wie sie zum Verabschieden brauchen, bevor sie beim Bestattungsinstitut anrufen. Dieses letzte Abschiednehmen ist unwiederbringlich und sollte auch von den Geschwistern entsprechend genutzt werden. Ob das tote Kind von den Angehörigen oder dem Bestattungsinstitut gewaschen und angezogen werden soll, muss jede Familie für sich selbst entscheiden. Bei der Wahl der Kleidungsstücke könnten die Geschwister befragt werden, damit sie ihrem toten Geschwister noch einen letzten Liebesdienst erweisen können (z.B. auch mit dem Aussu-

[199] vgl. Leyendecker, C. / Lammers, A. (2001), ebenda, S. 194

chen von Sargbeigaben wie Spielzeug, Kuscheltiere o.ä.). Die Angehörigen legen großen Wert darauf, dass der Weg ihres toten Kindes von seinem Sterbebett bis zum zuständigen Friedhof oder Krematorium in Würde vollzogen wird. Früher war eine Aufbahrung zu Hause üblich, heute bieten manche Bestattungsinstitute die Möglichkeit eines extra hergerichteten Aufbahrungsraumes an, der sich an den Bedürfnissen der Familien nach Geborgenheit, Intimität, Ästhetik und Platz orientiert. In diesem Raum haben dann ebenfalls die Verwandten, Freunde und Bekannte die Möglichkeit, sich zusammen mit den Angehörigen vom toten Kind zu verabschieden.[200]

5.4.2.2. Abschiedsrituale im Krankenhaus

Wenn ein Kind gestorben ist, benötigen die Eltern genügend Zeit zum Loslassen, um in aller Ruhe Abschied nehmen zu können. Die Verweildauer des Verabschiedens ist bei jedem Familienangehörigen ganz unterschiedlich. Wenn die verstorbenen Kinder vom Krankenhauspersonal zu schnell aus den Zimmern entfernt werden, soll dies in erster Linie dazu dienen, dass das Krankenhauspersonal entlastet wird, auch wenn es vielleicht gegen den Willen der Eltern ist.[201] Um den Angehörigen zu ermöglichen, die Realität des Todes ihres Kindes sinnlich wahrzunehmen (dies ist wichtig für die spätere Trauerbewältigung), müssen sie es zum Abschied anfassen dürfen, auch wenn das sehr schmerzlich ist. Das Krankenhauspersonal darf dabei den Angehörigen nicht vorschreiben, in welcher Weise sie sich verabschieden sollen, sondern sollte ihnen ermutigende Vorschläge machen (z.B. das tote Kind ein letztes Mal in den Arm zu nehmen, es zu fotografieren). Dabei sollten sich die Krankenschwestern zurückziehen, um einen ungestörten und unbeobachteten Abschied der Angehörigen zu ermöglichen.[202] Für die Geschwister ist es sehr wichtig, dass sie ihren toten Bruder oder ihre tote Schwester sehen und berühren, damit ihre Zweifel (vielleicht lebt das Geschwister noch? Vielleicht schläft es ja nur und wacht gleich wieder auf?) ausgeräumt werden.[203] Anschließend könnten die Krankenschwestern bei den Angehörigen nachfragen, ob sie sich wünschen, das tote Kind selbst zu wa-

---

200 vgl. Ritter, M. (2003), ebenda, S.37; in Berlin (Fürstenbrunner Weg) gibt es ein so genanntes „Haus der Begegnung“ mit entsprechenden Aufbahrungsräumen

201 vgl. Student, J.-C. (2005), ebenda, S. 97

202 vgl. ebenda, S. 126

203 vgl. Tausch-Flammer, D. / Bickel, L. (2007): Wenn Kinder nach dem Sterben fragen, S. 61

schen, oder ob sie die Hilfe des Krankenhauspersonals in Anspruch nehmen wollen. Nachdem das tote Kind gewaschen ist, können die Angehörigen Kleidungssachen auswählen, die ihr Kind besonders gern getragen hat, und ihm anziehen. Die Geschwister des verstorbenen Kindes können dazu angeregt werden, Spielsachen auszuwählen, einen Brief zu schreiben oder Bilder zu malen und alles anschließend mit in den Sarg zu legen.[204]

Das Krankenhauspersonal kann die Angehörigen fragen, ob sie eine Aufbahrung im Krankenhaus wünschen, damit sich außer den Angehörigen und Verwandten noch die Mitarbeitenden des Krankenhauses oder auch Mitpatienten und deren Angehörige verabschieden können. Auf Wunsch der Angehörigen kann eine Seelsorgerin diese Verabschiedung im Rahmen einer Aussegnungsfeier ausrichten.[205]

Nach dem Tod des sechzehnjährigen Jungen mit septischer Granumolatose wurde er auf Wunsch der Eltern in der Krankenhauskapelle aufgebahrt. Außer den Eltern waren noch die rumänischen Verwandten und Mitarbeitende des „Sonnenhofes" anwesend. Sein Familienbegleiter und seine Einzelfallhelferin legten ihm noch Kleinigkeiten, an denen der Junge gehangen hatte, mit in den Sarg. Es war keine religiöse Verabschiedung, und es wurden auch keine Gebete gesprochen.[206]

Manche Angehörige äußern auch den Wunsch, dass sie zu einem späteren Zeitpunkt erneut ins Krankenhaus gehen möchten, um sich im Gedenken an ihr verstorbenes Kind das Zimmer noch einmal anzuschauen und ggf. Gespräche mit den Krankenschwestern, Ärzten oder eventuell anderen Familien mit lebensverkürzend erkrankten Kindern zu führen. Dieser Besuch kann entweder ungeplant und individuell ablaufen oder als geplante Einladung der entsprechenden (beispielsweise kinderonkologischen) Krankenstation, z.B. mit Kaffee und Kuchen erfolgen. Einerseits ist zwar die Konfrontation zwischen Angehörigen mit (noch) lebenden erkrankten Kindern und den verwaisten Angehörigen schwierig, andererseits können gerade dieser Informationsaustausch und das Zeigen von tiefem Mitgefühl und Verbundenheit für beide Seiten von Nutzen sein. Zum Bewahren der Erinnerung an jedes auf der Station verstorbene Kind legen manche onkologischen Kinderstationen ein so

---

204 vgl. Ritter, M. (2003), ebenda, S. 35f.

205 vgl. ebenda; den Ablauf einer Aussegnungsfeier beschreibe ich bei den Abschiedsritualen im Kinderhospiz

206 vgl. Interview mit Frau Forst (Einzelfallhelferin) vom 24.07.2007

genanntes „Erinnerungsbuch" an, d.h. ein Fotoalbum mit einer Doppelseite für jedes verstorbene Kind. Von jedem Kind ist ein Foto (eventuell das Sterbebild) eingeklebt, und es sind die Geburts- und Sterbedaten notiert. Falls die Familie eingewilligt hat, stehen auch noch die Anschrift und Telefonnummer der Familie dabei. Neben dem Erinnerungsbuch liegt eine Auswahl von Trauerkarten bereit, so dass die Mitarbeitenden des Krankenhauses bei Bedarf die Möglichkeit haben, sich schriftlich mit der Familie in Verbindung zu setzen und ihr Mitgefühl auszudrücken.[207]

Die Angehörigen stehen nach dem Tod ihres Kindes erst einmal unter Schock. Diese unterschiedlich lange Schockphase verhindert die Entwicklung von eventuell auftretenden schweren psychischen Störungen oder Selbstmordgedanken. Die Angehörigen vermitteln den Eindruck, dass sie völlig neben sich stehen und vom eigentlichen Geschehen nicht viel mitbekommen. Falls in diesem Zustand heftige Weinkrämpfe auftreten, sollten keine Beruhigungsmittel zum Einsatz kommen. Der Körper benötigt diese heftigen Reaktionen, damit die seelischen Erregungen ein Ventil finden, um den Druck abzubauen. Wird der unmittelbare Druckabbau verhindert oder verdrängt, kann der Körper den Druck nach innen verlagern, so dass es später zu psychosomatischen Erkrankungen kommen kann.[208]

5.4.2.3. Abschiedsrituale im Kinderhospiz

Wenn im Kinderhospiz „Sonnenhof" ein Kind verstorben ist, wird den Eltern viel Zeit gelassen, um den Tod ihres Kindes zu realisieren und sich von ihm zu verabschieden. Dabei können die Angehörigen ggf. auch die Nacht mit ihrem toten Kind zusammen verbringen und ganz behutsam in kleinen Schritten von ihm Abschied nehmen. Die Krankenschwestern haben ihnen vorher gesagt, wie sich der Körper ihres Kindes mit der Zeit verändern könnte (z.B. Kind erkaltet, Leichenstarre tritt ein), damit sie nicht unangenehm überrascht werden und alle Gegebenheiten einordnen können. In der Frage des Waschens des toten Kindes und des späteren Anziehens richten sich die Krankenschwestern ganz nach den Wünschen der Angehörigen[209].

---

[207] vgl. Ritter, M. (2003), ebenda, S. 62-64

[208] vgl. Student, J.-C. (2005), ebenda, S. 129

[209] vgl. Interview mit Frau Sebajang (Kinderkrankenschwester) vom 09.07.2007; dies umfasste ebenfalls alle weiteren Aussagen zum Abschiedsraum.

Dies veranschaulicht die Aussage einer Mutter, deren kleiner Sohn an einer seltenen Stoffwechselkrankheit im Kinderhospiz verstorben ist:

„Wir konnten ihn dann waschen und schön anziehen und wieder hinlegen. Am nächsten Morgen war es auch so, dass die Verabschiedung Schritt für Schritt kam. Sie haben sich immer wieder nach uns gerichtet und uns gesagt, was man machen kann. Das war so sensibel und so würdig. Irgendwann war es dann soweit, dass wir ihn auch in den Sarg legen konnten. Es ist schwer, wenn man es selbst tut. Es ist ein ganz schwerer Prozess zu sagen: <Jetzt muss der Deckel drauf.> Uns wurde die Zeit dazu gegeben. Ich habe mich sehr gefreut, dass neben dem (kurz vorher verstorbenen) Mädchen noch ein Platz frei ist, und ich fand es sehr tröstlich, dass er jetzt neben dem Mädchen seine letzte Ruhe findet. Wir denken, dass er jetzt mit dem Mädchen auf der Wippe sitzt und endlich lacht, was er nie konnte, mit ihr zusammen."[210]

Zum Zeichen, dass ein Kind verstorben ist, wird auf der Elternetage auf einem Tisch eine kleine Kerze entzündet, so dass auch die anderen Gäste, Angehörigen und Mitarbeitenden Bescheid wissen.

---

210 Aussage einer Mutter aus dem Film „Der lange Abschied"

Aufbahrung im Abschiedsraum

Üblicherweise wird das verstorbene Kind zur Aufbahrung in den Abschiedsraum im Souterrain gebracht. Je nach Größe und Alter des Kindes kann es in einem Babykörbchen, einem Kinderbett mit Himmel oder einem Kühlbett mit Glashaube („Schneewittchensarg") für maximal drei Tage aufgebahrt werden.

Abbildung 10: Der Abschiedsraum

Es besteht auch die Möglichkeit, dass das verstorbene Kind im Kindersarg aufgebahrt wird, und der Sarg kann von den Familienangehörigen (z.B. den Geschwistern) oder von eventuell teilnehmenden Gästen des „Sonnenhofes“ beschriftet und bemalt werden.

Vor der Tür des Abschiedsraumes wird dann ein Teddybär auf einen kleinen Korbstuhl gesetzt als Symbol dafür, dass der Raum gerade benutzt wird und nicht besichtigt werden kann.

Abbildung 11: Der Teddybär – das Symbol für die Belegung des Abschiedsraums

Die Familie entscheidet, wer zur Verabschiedung kommen soll, wie der Raum geschmückt wird, ob es eine Verabschiedungsfeier (z.B. mit Musik und Programm) oder eine Aussegnungsfeier (von der Seelsorgerin mitgestaltet) geben soll.

Während dieser drei Tage können sich die Familienangehörigen einen passenden Stein aus einem bereitstehenden Korb im Abschiedsraum auswählen, ihn beschriften und bemalen (mit Vornamen und weiteren Angaben zum Geburtsjahr, Sterbedatum o.ä.).

Abbildung 12: Erinnerungssteine zum Beschriften und Bemalen

Dieser Stein kann auch zu Hause beschriftet werden.

Die Familienangehörigen entscheiden selbst, wann sie diesen Erinnerungsstein in den Erinnerungsteich hinein- oder in dessen unmittelbarer Nähe, am Rand, am Ufer o.ä. niederlegen.

Abbildung 13: Am Erinnerungsteich

Im Anschluss an eine Verabschiedungsfeier kann auf Wunsch der Familie ein Zusammensein, z.B. im Wintergarten, stattfinden.

Bei der Verabschiedungsfeier eines zehnmonatigen Mädchens mit einer Stoffwechselerkrankung herrschte im Abschiedsraum eine fröhliche Atmosphäre. Das Mädchen lag offen im Sarg aufgebahrt, und alle anwesenden Kinder durften den Sarg beschriften und bemalen. Es erklangen dabei Kinderlieder zum Mitsingen und tibetanische Musik; viele Kerzen waren angezündet, und es hing ein großes Bild des Mädchens im Stil der Fotografien von Anne Geddes an der Wand. Alle Krankenschwestern nahmen an der Verabschiedung teil, und die Familienbegleiterinnen waren ebenfalls eingeladen. Die Kinder legten Kuscheltiere und Spielsachen in den Sarg, die Erwachsenen schmückten ihn mit Blumen.[211]

Für einen zwölfjährigen, an Leukämie verstorbenen Jungen wurde ebenfalls eine Abschiedsfeier im „Sonnenhof" gefeiert. Außer den Verwandten, Freunden und Bekannten war noch seine ganze Schulklasse

[211] vgl. Interview mit Frau Glock (Familienbegleiterin) vom 26.07.2007

eingeladen worden, und die Angehörigen haben mit ihnen zusammen eine fröhliche Party im Garten gefeiert. Der Sarg blieb bis abends geöffnet, und im Abschiedsraum lief die ganze Zeit über ein Video mit Ausschnitten aller Geburtstagsfeiern, die der Junge bisher erlebt hatte. Die älteren Erwachsenen hatten ein wenig Probleme mit der ausgelassenen Stimmung, aber für die Eltern war es genau das Richtige.[212]

Aussegnungsfeier

Selten wird an die Seelsorgerin der Wunsch nach einer Aussegnung herangetragen. Sie bespricht dann mit den Angehörigen, ob sie bestimmte Wünsche bezüglich der Musik, Psalmlesung und Gebete haben. Die Aussegnung findet ebenfalls im Abschiedsraum statt, und die Angehörigen können den Raum vorher mit Hilfe der Mitarbeitenden des „Sonnenhofes" entsprechend schmücken (z.B. mit hohen Kerzenständern, Kreuz, Blumen etc.). Die Liturgie einer Aussegnung kann folgendermaßen aussehen:

- Friedensgruß
- Votum
- Gebet
- Valetsegen
- Psalmlesung
- Abschied
- Vaterunser
- aaronitischer Segen

Ein Gebet, das von der Seelsorgerin öfter bei Aussegnungen verwendet wird, lautet:

„Gott, weißt du, wie viele Tränen wir schon um (Name des Kindes) geweint haben? Wir können sie nicht zählen. Es sind wohl so viele wie Sterne am Himmel, Kinder in der Welt und Blumen auf einer Sommerwiese. Doch wir zählen auf dich, Gott. Zeige du (Name des Kindes) bitte den Weg aus dem dunklen Tal des Todes und führe sie / ihn dorthin, wo er / sie liebevoll erwartet wird. Bring Licht in unser Dunkel, Hoffnung in unsere Ungewissheit und Trost in unsere Traurigkeit. Amen." [213]

---

[212] vgl. Interview mit einem Vater vom 20.07.2007

[213] Interview mit Frau Seidenschnur (Seelsorgerin) vom 10.07.2007

Vor der Aussegnung können die Familienangehörigen auf Wunsch im Vorraum den Sarg noch bemalen, schmücken und etwas hineinlegen (manche legen eine Kreuzkette hinein, damit dem Kind ein Schutz mitgegeben wird). Auch diejenigen Angehörigen, die nicht kirchlich gebunden sind, empfinden die Liturgie mit der Psalmlesung und den Gebeten als sehr tröstlich und feierlich.[214]

Zur Erinnerung an die im Hospiz verstorbenen Kinder führt der „Sonnenhof" ein Erinnerungsbuch (wie bei den onkologischen Stationen im Krankenhaus) mit einem Foto, Namen des Kindes und den Geburts- und Sterbedaten. Die Angehörigen können im Gemeinschaftsraum einen Tisch mit Erinnerungsfotos, Blumen und Kerze schmücken, damit die Gäste und deren Angehörige sowie die hauptamtlich Mitarbeitenden einen Ort zum Abschiednehmen und zum Erinnern haben.[215]

5.4.3. Beerdigungsrituale

In früheren Zeiten wurde der Sarg nach der Deckelschließung normalerweise von den Verwandten oder den Nachbarn zur Kirche und von dort zum Friedhof getragen. Der Akt der Beerdigung symbolisiert den endgültigen Abschied von dem Verstorbenen. Der Anblick des herabgesenkten Sarges kann zwar sehr schmerzlich für die Angehörigen sein, aber gleichzeitig bekommen sie die Chance zur Realisierung des endgültigen Abschieds als Voraussetzung für die spätere Trauerbewältigung. Ein Beerdigungsritual ist die so genannte Prozession zum Grab, die den Lebensweg symbolisiert. Der Verstorbene wird bei seinem letzten Gang von der Trauergemeinde begleitet. Der mit Blumen und Kränzen geschmückte Sarg wird in die Erde hinabgesenkt und abwechselnd von den Anwesenden je dreimal mit Erde beworfen. Das Begräbnis wird durch den Erdwurf besiegelt, der gleichzeitig das Festhalten des Toten im Grab symbolisiert. Nun können noch Grabbeigaben, wie z.B. Blumen oder bei Kindern Kuscheltiere, Spielsachen oder gemalte Bilder mit ins Grab gelegt werden.

Früher war das anschließende Kondolieren am Grab noch üblich, heute wird es von vielen eher problematisiert oder bereits in der Traueranzeige abgelehnt: *„Von Beileidsbezeugungen am Grabe bitten wir Abstand zu nehmen."*[216] Dieses Kondolieren erfüllte eine soziale Funktion; die Ange-

---

[214] vgl. ebenda

[215] vgl. Interview mit Frau Sebajang, ebenda

[216] Leyendecker, C. / Lammers, A. (2001), ebenda, S. 196

hörigen durften erfahren, dass sie mit ihrem Schmerz nicht allein sind und dass die Trauergemeinde durchaus Anteil an ihrem Leid nimmt. Außerdem machte sich die Trauergemeinde im Angesicht des Todes ihre Lebendigkeit bewusst. Nach der Beerdigung lud die Familie die Verwandten und Freunde noch zu einem gemeinsamen Kaffeetrinken oder Essen ein (so genannter „Leichenschmaus"). Dieser erfüllt eine ähnliche Funktion wie das Kondolieren: Die Familie ist nicht mit ihrer Trauer allein, es werden Geschichten über den Verstorbenen erzählt, es darf auch gelacht werden, und die Familie bekommt von allen Seiten Trost gespendet. Außer für eine Erdbestattung kann sich die Familie auch für eine Urnen- oder Seebestattung entscheiden. Für manche Angehörigen ist der Tod ihres Kindes das erste Mal, dass sie mit einem Bestattungsinstitut zu tun haben, und viele fühlen sich auch verunsichert, weil sie bisher keine Erfahrung mit Trauerfeiern, Bestattungen und Dienstleistungen des Instituts hatten.[217] Beim Erledigen der Formalitäten hilft es den Angehörigen besonders, wenn sie Unterstützung von guten Freunden oder Verwandten bekommen, die ihre Erfahrungen einbringen können. Im Übrigen nehmen die Bestattungsunternehmen den Trauernden viele Erledigungen ab (z.B. Amtshandlungen jeglicher Art).[218]

Bei einem dreijährigen Jungen, der an einem Hirntumor verstorben ist, haben sich die Eltern der Mutter um die Beerdigungsvorbereitungen gekümmert. Während der christlichen Trauerfeier in der Kapelle liefen als Musikstücke u.a. „Der Weg" von Herbert Grönemeyer, ein Trompeter spielte „Amazing Grace", und beim Hinaustragen des Sarges wurde von Nena das Lied „Nun ruhen alle Wälder" gespielt. Die Eltern trugen die angezündete Taufkerze durch den Schnee und stellten sie beim offenen Grab ab. In den Sarg hatten die Eltern vorher eine Holzeisenbahn, ein Kuscheltier, seinen Nuckel, eine Stoffwindel, ein Foto von seiner Katze, sein Kopfkissen und seine Mütze gelegt.[219]

Wenn die Angehörigen über den Ablauf der Bestattung (Gestaltung der Todesanzeige, Musik- und Textauswahl, Trauerredner, Sargauswahl und -gestaltung,) nachdenken, muss das keine Belastung sein, sondern sie tun es für ihr verstorbenes Kind oft gern. Durch die Gestaltung der Bestattung können so die Persönlichkeit des Kindes, seine Vorlieben und seine Eigenarten noch einmal hervorgehoben werden.

---

[217] vgl. ebenda, S. 197

[218] vgl. Mittag, O. (1994), ebenda, S. 92

[219] vgl. Interview mit einer Mutter vom 20.07.2007

Am Beerdigungstag eines Mädchens, das mit zehn Monaten an einer Stoffwechselkrankheit verstorben war, nahmen ca. 40 Personen teil: Angehörige, Verwandte, Freunde, Bekannte und Mitarbeitende des „Sonnenhofes". Auf Wunsch der Eltern war niemand in schwarzer Trauerkleidung erschienen. In der Friedhofskapelle war der weiße Kindersarg aufgebahrt. Ein schwarzes Tuch bedeckte ihn, und er war geschmückt mit einem Herz aus Sonnenblumen und roten Rosen darin und vielen wieteren Sonnenblumen und Rosen. Um den Sarg herum lagen Kuscheltiere, viele Blumen und selbst gebastelte bunte Schmetterlinge. Auf den Stühlen lagen kleine Kerzen in Form von Sonnenblumen. Beim Eintreten in die Kapelle erklang tibetanische Musik. Die Trauerrednerin betonte in ihrer Ansprache, dass das Leben des kleinen Mädchens so bunt gewesen wäre wie Seifenblasen. Danach wurden alle Trauergäste aufgefordert, die Schmetterlingskerzen anzuzünden und um den Sarg herum aufzustellen. Dazu wurde das Lied „Tears in Heaven" von Eric Clapton per CD eingespielt. Es folgte ein gemeinsames Gebet und das Lied von Nena „Du bist überall", das die die Anwesenden zu Tränen rührte. Danach prozessierten alle Trauergäste mit einer Flasche Seifenwasser zum offenen Grab. Auf ein Zeichen der Trauerrednerin ließen alle ihre Seifenblasen in den blauen sonnigen Himmel steigen. Auf den Sarg wurden bereit gelegte bunte Blumen geworfen, und im Anschluss an die Beerdigung luden die Eltern die Trauergäste noch in ein Lokal ein.[220]

Das Schreiben einer Kondolenzkarte fällt beim Tod eines Kindes zwar sehr schwer (die sonst üblichen Floskeln greifen nicht), aber vielleicht kann man an eine Episode mit dem verstorbenen Kind oder an eine Eigenschaft erinnern, die das Kind besonders liebenswert für den Absender gemacht hat. Für die Angehörigen ist das (wiederholte) Durchlesen der Kondolenzpost in aller Regel sehr tröstlich.[221] Manchmal möchten lebensverkürzend erkrankte Kinder oder Jugendliche zur Gestaltung ihres eigenen Begräbnisses beitragen. Sie suchen sich ihre Lieblingskleidungsstücke, ihre Lieblingsmusik aus, und sie entwerfen eventuell auch ihre eigene Todesanzeige. Darüber hinaus wollen sie mitbestimmen, welche Leute zu ihrer Bestattung kommen sollen und wer die Trauerrede halten soll. Für diese Vorbereitungen ist eine große Offenheit zum Thema Sterben und Tod in der Familie erforderlich.[222]

---

220 vgl. Edler, C. / Herrmann, M. (2004), ebenda, S. 32f.

221 vgl. Ritter, M. (2003), ebenda, S. 37f. und 47f.

222 vgl. Kübler-Ross, E. (2003): Kind und Tod, S. 250f.

Bei einem siebzehnjährigen krebskranken Mädchen erfuhren die Angehörigen einen Tag vorher, dass sie am folgenden Tag sterben würde. Das Mädchen konnte am gleichen Abend mit ihrer Familie zum ersten Mal ganz offen über ihr Sterben und über ihre Wünsche für die Beerdigungsfeier sprechen. Sie wünschte sich einen weißen Sarg mit weißen Lilien und blauem Rittersporn, außerdem sollten zwei Engelsfiguren auf ihrem Grab stehen. Zu der christlichen Trauerfeier kamen 170 Personen (u.a. war die Schulklasse vollständig anwesend, jeder mit einer weißen Kerze in der Hand). Die Kapelle quoll über von Blumen- und Kranzgebinden. Neben dem Sarg stand eine Staffelei mit einem großen Foto des Mädchens. Der Boden war mit vier Rosenherzen und vielen brennenden Teelichtern geschmückt. Die Trauerfeier war sehr ergreifend, und bei der Prozession zum Grab trug der Vater ein selbst gemachtes Holzkreuz mit einem Foto der Verstorbenen als Intarsie.[223]

Manche Angehörige sind sich nicht sicher, ob sie die Geschwister mit zur Bestattung nehmen sollen. Einerseits dient ja die Bestattung als Bekräftigung für den endgültigen Abschied, und wer daran nicht teilnimmt, wird von diesem wichtigen Trauerprozess ausgeschlossen. Andererseits dürfen Geschwister nicht dazu gezwungen werden, an der Bestattung teilzunehmen. Wenn sie sich weigern - z.B. aus Angst oder Schuldgefühlen dem verstorbenen Kind gegenüber -, sollten sie mit einer Person ihres Vertrauens zu Hause bleiben dürfen. Nach der Bestattung sollte mit ihnen ein ruhiges und verständnisvolles Gespräch darüber geführt werden.[224] Wenn die Kinder an der Bestattung teilnehmen wollen, ist es ratsam, wenn man ihnen den Ablauf und die Rituale im Voraus erklärt. Während der Bestattungszeremonie sollte das Kind die ständige körperliche Nähe eines Erwachsenen spüren, der seine auftretenden Fragen sofort beantwortet. Es fühlt sich dann sicherer und in das Geschehen eingebunden. Die Kinder sollten auch darauf vorbereitet werden, dass viele Anwesende weinen werden, aber dass dies ein ganz natürlicher Vorgang ist (sie dürfen ebenfalls weinen). Das Ritual der Bestattung dient u.a. dafür, Schmerz in der Öffentlichkeit ausdrücken zu dürfen.[225]

Vor einer Beerdigung entwickelten Angehörige ein individuelles Beerdigungsritual, indem sie schön verzierte kleine Tüten mit Sonnenblumen-

223 vgl. Interview mit einer Großmutter vom 16.07.2007

224 vgl. Kübler-Ross, E. (2003), ebenda, S. 20f.

225 vgl. Grollman, E. A. (2004): Mit Kindern über den Tod sprechen, S. 67f., in Verbindung mit: Specht-Tomann, M. / Tropper, D. (2000), ebenda, S. 187

samen selbst gestaltet hatten und diese im Anschluss an die Trauerfeier an die Trauergemeinde verteilten. Die Trauergemeinde wurde gebeten, die Samen zu Hause zum Andenken an ihr verstorbenes Kind einzupflanzen. Mittlerweile besteht die Möglichkeit, im Internet bereits fertig bemalte Tüten mit verschiedenen Blumensamen zu bestellen. Bei Kinderbeerdigungen gibt es häufig das Ritual, Luftballons aufsteigen zu lassen, als Gruß der Trauergäste zum Himmel hinauf, wo sich das verstorbene Kind darüber freuen soll.[226]

Bei der Beerdigung eines sechs Monate alten Mädchens, das an spinaler Muskelathropie gelitten hatte, wurde die Trauerrede auf Wunsch der Mutter von ihrer Freundin gehalten, deren Tochter zu diesem Zeitpunkt ebenfalls sechs Monate alt war. Nach der Rede sprachen alle gemeinsam ein Gebet und sangen ein Abschlusslied. Als die Trauergäste die Kapelle verließen, erhielten sie einen aufgeblasenen Luftballon. Am Grab nahmen alle Trauergäste nacheinander von dem verstorbenen Mädchen Abschied und warfen Erde und Blumen auf den Sarg. Zum Schluss ließen alle ihren Luftballon in den Himmel steigen.[227]

5.4.3.1. Grabgestaltung

Besonders eindrücklich sind Grabmale, wenn sie Zeugnis ablegen von einem Leben, das entgegen unserer Vorstellungen von einem erfüllten Leben schon lange vor der Zeit geendet hat. Durch Kindergrabmale werden wir immer wieder darauf hingewiesen, dass selbst ein kurzes Leben mit großer Vitalität gefüllt sein kann und dass es nicht auf die Lebenslänge ankommt, sondern darauf, dass die Lebenszeit mit den Kindern ganz bewusst und als geschenkte Zeit erlebt werden sollte. Kindergräber lehren uns Erwachsene eine fast vergessene Sprache des Herzens. Diese Liebe im Herzen, die sich mit der Trauer verbindet, versetzt die Angehörigen in die Lage, bei der Grabgestaltung ihrem persönlichen Empfinden Ausdruck zu verleihen. Sie werden die Entdeckung machen, wie lebendig, bunt und kreativ die Erinnerungsorte sein können, und sich inspirieren lassen. Kindergräber sollen nicht vordergründig Orte der Trauer sein, sondern sie sollen den Angehörigen auch Mut und Kraft zum Weiterleben verleihen. Manche erleben durch die Beschäftigung und den Entwicklungsprozess der Grabgestaltung eine neue Öffnung

---

226 vgl. www.marburger-medien.de/erinnerungen, in: Deutscher Kinderhospizverein e.V. (2006), ebenda, S. 147 und 149

227 vgl. Edler, C. / Herrmann, M. (2004), ebenda, S. 67f.

zum Glauben und zur Spiritualität hin, wenn sie das Gefühl haben, dass sie immer noch mit der Seele des Kindes verbunden sind.[228]

Für viele Angehörigen zählt der Friedhof als Ort der Begegnung mit dem verstorbenen Kind zu den bedeutendsten Orten für das Leben nach dem Tod des Kindes. Hier können sie dem Kind noch ihre Liebe erweisen, die sonst keinen Anlaufpunkt mehr hat. Durch das liebevolle Pflegen des Grabes mit dem Einsetzen der Pflanzen und dem steten Gießen und Jäten fühlen die Angehörigen eine gewisse „Erdverbundenheit" mit ihrem verstorbenen Kind. Mit der Auswahl an besonderen Grabsteinen hinterlassen sie Spuren des einzigartigen Lebens ihres Kindes, die nicht verwischen können, sondern auf Dauer angelegt sind. Diese Spuren berühren auch andere Friedhofsbesucher, denen Kindergräber ihre besondere Geschichte erzählen.[229] Von weitem fallen sie auf durch ihre fröhliche Gestaltung, z.B. mit Engeln, bunten Windrädern, Herzen oder Teddybären.

Auf dem Grab eines sechzehnjährigen Mädchens stehen ein großes Holzkreuz mit integriertem Foto und daneben ein kleiner Engel, der das Lebenslicht in der Hand hält. Die Eltern haben aus dem Sommerurlaub noch einen großen Engel mitgebracht und auf die andere Seite des Holzkreuzes gestellt, weil ihre Tochter erzählt hatte, dass sie zusammen mit zwei Engeln in den Himmel kommen würde.[230]

5.4.4. Trauerrituale

Das Phänomen der Trauer wird heute öffentlich eher unterdrückt als zur Schau gestellt, und sie wird institutionell sowohl zeitlich begrenzt (maximal ein bis zwei Tage bezahlter Sonderurlaub für die Beerdigung des eigenen Kindes - unbeschadet weitergehender Regelungen z.B. in Tarifverträgen) als auch örtlich eingeschränkt (bei der Bestattung sind Gefühle wie Tränen erlaubt, später - außerhalb des Friedhofs - soll sich der Trauernde beherrschen). Deswegen empfindet sich der Trauernde selbst oft als Störfaktor oder Zumutung für seine Umwelt.[231]

---

228 vgl. Roth, F.: Die Sprache des Herzens, in: Wiese, A. / Morgenbrodt, P. (2005): Kindergrabmale, S. 6f.

229 vgl. Wiese, A. / Morgenbrodt, P. (2005), ebenda, S. 8

230 vgl. Interview mit einer Großmutter vom 16.07.2007

231 vgl. Auc, M. (1995): III. Betreuung: This work is about living - not dying. In: Deutsche Aidshilfe e.V. (Hrsg.): Krankheits- und Sterbebegleitung, S. 276, Beltz Verlag, Weinheim. In: Leyendecker, C. / Lammers, A. (2001), ebenda, S. 199

Trauerrituale werden heutzutage - insbesondere in der Anonymität der Großstadt - eher selten praktiziert, wie z.B. das Anlegen von schwarzer Kleidung. Für deren Tragen gibt es mehrere Erklärungen: Einmal galt die Farbe schwarz als Farbe für Feierlichkeiten, und das Begräbnis war schließlich ein ernster und feierlicher Akt.[232] Außerdem symbolisierte die schwarze Kleidung einen Schutz vor dem Tod. Das Fehlen der Trauerriten wurde von Stubbe in einen psychologischen Zusammenhang gebracht:

„Das neuzeitliche Trauerverhalten lässt sich zusammenfassend durch folgende Merkmale charakterisieren: Eine bestimmte Trauerzeit ist nicht mehr festgelegt, öffentliche Trauersignale, wie zum Beispiel die Trauerkleidung, haben keine Bedeutung mehr, die Trauer findet isoliert, heimlich, in Zurückgezogenheit statt und wird nicht mehr von der Gemeinschaft (mit-)getragen, und psychosomatische (zum Beispiel Kolitis, Depressionen etc.) bzw. psychosoziale (zum Beispiel aggressives und sozial auffälliges Verhalten) Traueräquivalente bilden sich verstärkt heraus."[233]

Die schwarze Trauerkleidung hatte noch eine andere Funktion. Sie konnte den Grad des Trauerprozesses anzeigen, damit die Umwelt wusste, dass der Trauernde noch der Schonung bedurfte. Zuerst trug er vollkommen schwarze Kleidung; später zunehmend weiße Kleidung mit z.B. schwarzer Krawatte, Schleife im Revers oder schwarzer Armbinde. Nach einem Jahr wurde die Trauerkleidung schließlich abgelegt. So wusste die Umwelt des Trauernden - ohne nachzufragen - über seinen jeweiligen Zustand Bescheid.[234]

In der Trauerzeit benötigt der Trauernde nicht nur Schonung, sondern vor allem auch Unterstützung von der Gemeinschaft. Da er nicht von allen Leuten Verständnis und Mitgefühl erwarten kann, sollte er sich am besten eine Trauergruppe von Gleichgesinnten suchen (z.B. den Verein „Verwaiste Eltern e.V."). In solchen Trauergruppen kann der Trauernde es schaffen, Stück für Stück in seinem eigenen Tempo loszulassen und zu lernen, den normalen Alltag wieder zu bewältigen.[235] Manche Angehö-

232 vgl. Schwikart, G. (1999): Tod und Trauer in den Weltreligionen, S. 71

233 Stubbe, H. (1985): Formen der Trauer. Eine kulturanthropologische Untersuchung, S. 208, Reimer Verlag, Berlin. In: Leyendecker, C. / Lammers, A. (2001), ebenda, S. 199

234 vgl. Jerneizig, R. / Schubert, U. (1991), ebenda, S. 38. In: Leyendecker, C. / Lammers, A. (2001), ebenda, S. 200

235 vgl. Pfaff, E. (2000): Begleitung in der Trauer ums Kind. In: Kölner Stadtanzeiger, Nr. 107, 9. Mai 2000. In: Leyendecker, C. / Lammers, A. (2001), ebenda

rige haben für die Bewältigung des Alltags ihre ganz eigenen individuellen Trauerrituale gefunden, wie z.B. eine Mutter berichtete:

„Ich habe da leider noch gar nichts entwickelt, außer eben, dass ich abends immer das Bild meiner verstorbenen Tochter, welches ich morgens sanft streichle und dann auf mein Bett lege, vom Kopfkissen nehme und unter mein Kissen lege. Außerdem sage ich ihr immer gute Nacht (inzwischen nicht mehr in meinem, sondern in ihrem Zimmer) und schreibe ihr auf, was mich am Tag bewegt hat."[236]

Andere Angehörige erzählten, dass sie bei jedem Friedhofsbesuch den Grabstein so umarmen, wie sie früher ihr Kind in die Arme genommen haben. Weitere Angehörige fahren jedes Mal mit der Hand über den Busch auf dem Grab in der gleichen Art und Weise, wie sie vorher über das Haar ihres Sohnes gefahren sind.[237]

5.4.4.1. Trauer von Angehörigen

M. Kolekow hat die Problematik des Sterbens von nahen Angehörigen sehr treffend formuliert:

„Vor meinem eignen Tod ist mir nicht bang,

nur vor dem Tode derer, die mir nahe sind.

Wie soll ich leben, wenn sie nicht mehr da sind?

Bedenkt, den eigenen Tod, den stirbt man nur.

Doch mit dem Tod der andern muss man leben..."[238]

Trauernde Angehörige, die den Verlust eines Kindes beklagen, bearbeiten ihre Trauer ganz individuell und ohne bestimmte Zeitvorgaben. Dafür existieren verschiedene Trauermodelle für Erwachsene (z.B. von Kast, Spiegel oder Worden), die meistens in vier Stufen gegliedert sind (Schock- und Verdrängungsphase, Phase der aufbrechenden Emotionen, Suchphase, adaptive Phase) und kontinuierlich abfolgen.

Trauer ist jedoch kein geradliniger, sondern ein zyklischer Prozess. Canacakis hat ein Trans-Zyklen-Modell entwickelt, bei dem die einzel-

---

236 Melching, H.: Rituale auf dem Lebensweg der Familie: Merkmale, Bedeutung, Möglichkeiten der Entwicklung individueller Rituale. In: Deutscher Hospizverein e.V. (2006), ebenda, S. 147

237 vgl. Melching, H., ebenda

238 Voss-Eiser, M.: Hilfe und Selbsthilfe für verwaiste Eltern und trauernde Geschwister. In: Student, J.-C. (2005), ebenda, S. 184

nen Zyklen fließend und grenzüberschreitend sind, sich häufig wiederholen, bei denen Anfang und Ende nicht näher bestimmt sind, und sie schließlich einem Spiralweg gleichen.

Trans-Zyklen-Modell nach Canacakis

- Erster Trans-Zyklus: Bewusstwerden des inneren und äußeren Bewegtseins

  Der Trauernde befindet sich in einem physisch und psychisch labilen Zustand und zeigt Gefühle von Verzweiflung, Verwirrung, Hilflosigkeit und Depression.

- Zweiter Trans-Zyklus: Zeit der Inspiration und des kreativen Sprungs

  Der Trauernde fühlt eine große Leere in sich, flieht in Tagträume, versucht durch innere und äußere Dialoge mit dem Verstorbenen in Kontakt zu treten, sucht nach Erinnerungen, versucht, seine Resignation und Verzweiflung schöpferisch auszudrücken.

- Dritter Trans-Zyklus: Selbstregulierung durch die Dynamik schöpferischen Tuns

  Die Energie, die beim Ausdruck der Trauer frei wird, kann beim Trauernden in kreativen Schaffensdrang umgewandelt werden.

- Vierter Trans-Zyklus: Stabilisierung und erneute Beziehung nach innen und außen

  Allmählich stabilisiert sich beim Trauernden das seelische Gleichgewicht wieder. Der Trauernde fühlt sich erleichtert, freut sich über das Auftauchen von positiven Erinnerungen und kann seine neue Situation annehmen. Er macht den Versuch, ein Leben „danach" zu wagen.

- Fünfter Trans-Zyklus: Neu ordnen, neu anfangen, neu orientieren

  Der Trauernde macht bewusste Planungen für die Zukunft. Er hat keine Angst mehr vor Erinnerungen und aufkommender Trauer.[239]

Erläuterungen zum ersten Trans-Zyklus

Wenn Angehörige den Verlust eines Kindes beklagen müssen, betrifft dieser Verlust auch ein Stück von ihnen selbst, das mit begraben wurde. Sie sehnen sich schmerzlich nach ihrem Kind und wissen nicht, wohin mit der Liebe, die sie für das verstorbene Kind noch in sich fühlen.

---

[239] vgl. Leyendecker, C. / Lammers, A. (2001), ebenda, S. 175f.

Außerdem häufen sich Gefühle wie die Wut auf Gott, der dieses Leid zuließ, und auf die Umwelt, die mit dieser Situation nicht richtig umgehen kann. Das bisherige Beziehungsgeflecht ist zerbrochen, und es müssen neue Rollen, Aufgaben und Beziehungsstrukturen für die ganze Familie erarbeitet werden, was sehr kraftaufwändig ist.[240]

In der „Betroffenheitsrangfolge" steht die Mutter an erster Stelle, der Vater wird (wenn überhaupt) an zweiter Stelle in seiner Trauer wahrgenommen und die Geschwister in ihrer Trauer eher ignoriert. Der Mutter wird als Frau von der Gesellschaft zugebilligt, dass sie ihre Gefühle öffentlich kundtun darf, dem Mann wird anheim gestellt, dass er sich beherrschen und für die ganze Familie tapfer sein soll.[241]

Der Tod eines Kindes hinterlässt eine große Leere bei den Angehörigen, weil ihr bisheriger Lebensinhalt (das lebensverkürzend erkrankte Kind) nicht mehr existiert und die Kontakte zu Freunden in der langen Krankheitszeit nur noch peripher bestehen. Diese Leere kann nicht so schnell wieder aufgefüllt werden, und aus Angst vor Schuldgefühlen trauen sich die Angehörigen nicht, Dinge zu unternehmen, die ihnen Freude bereiten und sie von ihrem Schmerz ablenken könnten.[242] Die Angehörigen werden vom Tod ihres Kindes körperlich, psychisch und psychosozial sehr in Mitleidenschaft gezogen. Innerhalb der folgenden zwei Jahre scheitern statistisch gesehen 70% aller Ehen. Es treten bei den Angehörigen innerhalb des ersten Trauerjahres verstärkt körperliche Krankheitssymptome auf, wie z.B. eine erhöhte Zahl von Krebserkrankungen, verstärkte Infektionskrankheiten, Schlaflosigkeit, Herzbeschwerden, Magenschmerzen, Kopfschmerzen und schwere psychische Belastungen bis hin zu Selbstmord(gedanken).[243] Häufig wird die Trauer von Außenstehenden nach kurzer Zeit als nicht mehr „normal" angesehen, und die Trauernden werden damit unter erheblichen Druck gesetzt, weil sie doch jetzt bereits ihre Trauer überwunden haben müssten.[244] Der Trauerprozess ist allerdings nicht – wie vielleicht irrtümlich vermutet – ein vorübergehender Prozess, sondern er ist permanent und unterliegt

[240] vgl. Voss-Eisner, M., in: Student, J.-C. (2005), ebenda, S. 185

[241] vgl. Wiese, A. (2001), ebenda, S. 101

[242] vgl. Student, J.-C. (2005), ebenda, S. 107

[243] vgl. Joraschky, P. / Köhle, K. (1981): Partnerverlust als Beispiel für psychosoziale Krankheitsentstehung. In: v. Uexküll, T.: Lehrbuch der psychosomatischen Medizin, S. 193ff., München. In: Student, J.-C. (2005), ebenda, S. 123

[244] vgl. Ritter, M. (2003), ebenda, S. 50

einem ständigen Wechsel. Denn die Toten gehören nach einem Ausspruch des Philosophen Peter Sloterdijk zu den *„intimen Ergänzern"*, d.h. wenn sie *„dem Hinterbliebenen zu früh aus dem Herzen gerissen werden, so ist die depressive Verstimmung die adäquate Antwort des so amputierten Hinterbliebenen."*[245]

In der Zeit der Trauer ist für die Angehörigen die Beziehung zu den noch lebenden Kindern nicht ganz unproblematisch. Einerseits sind sie die einzige verbliebene Hoffnung für die Zukunft und sollten nun stärker in den Blickpunkt gerückt werden. Andererseits sitzt der Schmerz der Angehörigen noch sehr tief und wird eventuell beim Anblick eines Kindes, das Ähnlichkeiten mit dem verstorbenen Kind aufweist, noch verstärkt. Sie sind nervlich sehr sensibilisiert, und die Gefühlsschwankungen sind für ihre Kinder ziemlich extrem (einerseits ein Klammereffekt, andererseits stellen sie mit ihren Ansprüchen auch eine Belastung dar).[246] Manchmal bekommen die Eltern nach dem Tod ihres Kindes ein weiteres Kind, das mehr oder weniger unbewusst das verstorbene Kind ersetzen soll und vielfach von Anfang an nicht sein eigenes Leben führen darf. Für die Angehörigen bedeutet dies, dass sie in den Verlust ihres ersten Kindes noch nicht eingewilligt und die neue Situation noch nicht akzeptiert haben.[247]

Erläuterungen zum zweiten Trans-Zyklus

Beim Trauerprozess von Angehörigen spielt es auch eine Rolle, dass sie unbewusst nach ihrem Kind suchen, d.h. sie wünschen sich, ihr Kind im Traum zu sehen und seine Stimme zu hören, oder dass das Kind ihnen eine Botschaft zukommen lässt. Je mehr sie allerdings diese Träume zu erzwingen suchen, desto weniger wird ihnen dies gelingen. Elisabeth Kübler-Ross hat in ihrem Buch „Kind und Tod" den Angehörigen Mut gemacht, mit ihrem verstorbenen Kind zu sprechen:

„Redet mit Eurem verstorbenen Kind, wenn es Euch hilft. Lasst Euer Kind teilhaben an Eurem Fortschritt und zeigt, dass Ihr mit den Stürmen des Lebens fertig werdet, weil der Tod eines Kindes oft der Lehrmeister bedingungsloser

---

245 vgl. Teichert, W.: Trauer als Raum. Eine Anfrage an das Phasenmodell. In: Wiese, A. (2001), ebenda, S. 21f.

246 vgl. Tausch-Flammer,D. / Bickel, L. (2007), ebenda, S. 54

247 vgl. Student, J.-C. (2005), ebenda, S.164f.

Liebe ist, und eine solche Liebe stellt keine Ansprüche, erwartet nichts und bedarf nicht einmal der physischen Anwesenheit."[248]

Die Zeit des Trauerns ist ein Übergangsprozess, der den Angehörigen erhebliche Schmerzen bereitet. Indem die Angehörigen ihr Verhältnis zum verstorbenen Kind an Übergangsobjekten (z.B. Kinderkleidung, Spielsachen, Kuscheltiere, Kinderzimmer) manifestieren, verschaffen sie sich zunächst Erleichterung und können selbst bestimmen, wann sie sich davon wieder trennen können.[249]

Die Mutter eines verstorbenen dreijährigen Kindes erzählte, dass sie in der Anfangszeit nach dem Tod ihres Sohnes alles im Kinderzimmer unberührt ließ. Nach drei Jahren wollte sie langsam anfangen, das Kinderzimmer auszuräumen, auch wenn ihr Schmerz noch immer groß war. Sie wollte in allem einen Neubeginn wagen (beruflich, privat: Trennung von ihrem Mann), und deswegen musste auch das Kinderzimmer aufgelöst werden und das Zimmer eine neue Funktion bekommen.[250]

Erläuterungen zum dritten Trans-Zyklus

Je länger der Tod des Kindes zurückliegt, desto mehr Angst haben Eltern, dass sie sich an die Besonderheiten ihres verstorbenen Kindes nicht mehr genau erinnern können. Daraus erwächst dann der Wunsch, kreativ zu werden, um z.B. ein Erinnerungsbuch zu gestalten oder ein Lied oder ein Gedicht über das verstorbene Kind zu schreiben.[251] Eine Mutter erzählte, dass sie jedes Jahr zum Geburtstag ihres verstorbenen Sohnes ein Gedicht verfasst und dass diese kreative Ausdrucksform ihr sehr bei der Trauerbewältigung hilft.[252]

Erläuterungen zum vierten und fünften Trans-Zyklus

Verwaiste Angehörige wünschen sich, dass sie zusammen mit dem Partner trauern können und sie sich gegenseitig eine Stütze und Hilfe sind. Wenn beide Partner trauern, können sie den Anderen schlecht entlasten, weil sie zu sehr mit sich selbst beschäftigt sind. Sie tendieren also eher dazu, den großen Schmerz vor dem Partner nicht zu zeigen, um ihn zu schonen.

---

248 vgl. Kübler-Ross, E. (2003), ebenda, S. 24 und 226f.

249 vgl. Leyendecker, C. / Lammers, A. (2001), ebenda, S. 200f.

250 vgl. Interview mit einer Mutter vom 20.07.2007

251 vgl. Ritter, M. (2003), ebenda, S. 70f.

252 vgl. Interview mit einer Mutter vom 20.07.2007

Sabine Naegeli betont in ihrem Gebet die Verwundbarkeit beider Partner und das Suchen nach den richtigen Worten:

„Die Entfremdung überwinden, Gott,
wie qualvoll ist das, dass wir einander
trotz so verzweifelten Bemühens
nicht mehr verstehen.
Das Wort reißt Gräben auf,
statt Brücken zu bauen.
Je mehr wir das Gespräch suchen,
desto mehr entfernen wir uns voneinander,
und jeder ist mit seiner Not allein.
Du, unser Herr, ich bitte dich,
gib uns die Augen deines Herzens,
denn nur mit dem Herzen
können wir einander wirklich wahrnehmen.
Jeder von uns möchte zuerst verstanden werden.
Erneuere unsere Liebe, damit wir zuerst verstehen."[253]

Männer und Frauen trauern unterschiedlich, was dazu fuhrt, dass ihre Bewältigungsstrategien nicht unbedingt harmonieren. In dieser schwierigen Zeit lassen sich die Partner am besten in Ruhe, akzeptieren die Unterschiedlichkeit der Trauerbewältigung beim Anderen, halten sich gegenseitig aus und geben nicht vorschnell ein negatives Urteil über den Partner ab (etwa dass er nicht „richtig" trauert). Die Angst vor einer möglichen Trennung ist groß, wobei es eventuell bereits vor dem Tod des Kindes in der Ehe gekriselt hat, diese Probleme aber durch die permanente Sorge um das Kind verdrängt oder kompensiert wurden. Bei einer vorherigen guten Kommunikation in der Partnerschaft bestehen eher Chancen, dass die Partnerschaft diese große Belastung aushält und viel-

---

253 Naegeli, S., in: Wiese, A. (2001), ebenda, S. 98

leicht sogar an Tiefe gewinnt.[254] Der Fortgang der Partnerschaft ist auch deshalb wichtig, weil der Partner der einzige Mensch ist, mit dem gemeinsame Erinnerungen an das verstorbene Kind geteilt werden können.

In einem Handblatt von TCF (The Compassionate Friends = die mitfühlenden Freunde), einer amerikanischen Selbsthilfegruppe, stehen einige Tipps für trauernde Paare:

- Gebt eurer partnerschaftlichen Beziehung höchste Priorität.
- Bemüht euch um Offenheit und Ehrlichkeit.
- Akzeptiere den eigenen Schmerz. Sei gewillt, darüber zu sprechen und auch deinem Partner Gelegenheit zu geben, seinen Schmerz auszudrücken.
- Hab Geduld mit deinem Partner und mit dir selbst. Sei dir bewusst, dass dein Partner nicht an derselben Stelle in seinem Trauerprozess steht wie du und dass das in Ordnung ist.
- Erwarte nicht, dass dein Partner der einzige Mensch ist, der dir hilft, wieder heil zu werden.
- Konzentriert euch auf eure Zuneigung füreinander und lernt und übt, wie ihr sie ausdrücken könnt. Körperliche Nähe und Berührung sind in dieser Zeit besonders wichtig.
- Erlaubt einander Raum in eurer Beziehung. Jeder Mensch braucht eine gewisse Privatsphäre bei seinen Gefühlen, auch seiner Trauer.
- Gebt einander die Erlaubnis, das Leben und den anderen zu genießen. Es ist gut, miteinander zu lachen und auch weinen zu können. Überlegt zusammen, was ihr tun könnt, was Freude bringt.
- Unterstützt einander in dem Gedanken, dass das Leben noch mehr ist als euer verstorbenes Kind. So wichtig euch dieses Kind auch ist und so weh auch sein Tod tut, es gibt noch so viel anderes, worauf ihr euch zusammen konzentrieren könnt.[255]

5.4.4.2. Hilfen für trauernde Angehörige

Hilfreich für trauernde Angehörige sind einfühlsame und verständnisvolle Gespräche mit Freunden oder Bekannten. Diese Gespräche dienen dazu, dass die Trauernden Schritt für Schritt ihre neue Situation akzeptieren können und sie sich selbst und anderen wenig mitleidsvollen

---

[254] vgl. Ritter, M. (2003), ebenda, S. 50f.

[255] vgl. Wiese, A. (2001), ebenda, S. 105f.

Menschen Versäumnisse vergeben. Die Trauernden müssen die Möglichkeit zum wiederholten Aussprechen und Ausdrücken ihrer aktuellen Gefühle haben, damit ihre Wunden langsam anfangen können zu heilen. Die Gesprächspartner sollten bei diesem Trauerthema keine eigenen Ängste und Schmerzen empfinden, um sich noch besser auf ihr Gegenüber einstellen und auch neue Aspekte in das Gespräch einbringen zu können - z.B.: Was kannst du jetzt konkret tun? Der Glaube an Gott kann für einige Angehörige eine große Hilfe sein. Sie fühlen sich in Gottes Händen geborgen, gestärkt und können alle Sorgen und Belastungen bei Gott abgeben.[256] Angehörige haben nun die Möglichkeit, die Trauerangebote des „Sonnenhofes" anzunehmen, indem sie freitags zum offenen Familientreffen oder zum Trauercafé gehen. Zusätzlich können sie nach neun Monaten an der geschlossenen Trauergruppe der Seelsorgerin teilnehmen.

5.4.4.3. Trauer von Kindern

Jedes Kind hat ein Recht darauf, zu trauern und Gefühle wie Niedergeschlagenheit und Bedrückung zu haben. Trotz der Ähnlichkeiten bei der Trauerverarbeitung von Kindern und Erwachsenen hat E. Furman[257] ein Trauermodell mit sechs Punkten speziell für Kinder entwickelt.

Trauermodell nach Furman

- Begreifen des Todes

  Um einen Trauerprozess überhaupt anstoßen zu können, muss das Kind kognitiv in der Lage sein, den Tod eines Menschen zu verstehen (Grundvoraussetzung). Dafür muss das Kind ein gereiftes Todeskonzept haben.

  Kleinere Kinder haben noch mehr Schwierigkeiten als Erwachsene beim Trauern, weil sie ihre Trauer noch nicht in Worte fassen können. Ihr Ich-Bewusstsein ist noch nicht vollständig entwickelt, also können sie ohne die Hilfe von Erwachsenen einen Verlust noch nicht richtig erfassen und annehmen.[258]

---

[256] vgl. Student, J.-C. (2005), ebenda, S. 143

[257] Furman, E. (1977): Ein Kind verwaist, Klett-Verlag, Stuttgart. In: Leyendecker, C. / Lammers, A. (2001), ebenda, S. 177f. - Im Folgenden stelle ich jeweils die Aussage Furmans vor und erläutere sie mit Beispielen aus der übrigen Literatur.

[258] vgl. Leist, M. (2004), ebenda, S. 149

Im Gegensatz dazu empfinden ältere Kinder intensivere Trauergefühle, aber sie sprechen nicht darüber. Teilweise fühlen sich die älteren Kinder schuldig am Tod des verstorbenen Kindes, weil sie sich eventuell vorher mit ihm gestritten haben oder weil sie sich heimlich seinen Tod gewünscht haben.

Jugendliche in der Pubertät haben besondere Schwierigkeiten, mit dem Thema Sterben und Tod umzugehen, weil sich ihre Lebensentwicklung gerade diametral entgegengesetzt dazu verhält. Einerseits schmieden sie viele Pläne für die Zukunft, andererseits kann bei auftretenden Schwierigkeiten eine verwirrende Todessehnsucht in ihnen geweckt werden. Jugendliche möchten sich zum Thema Tod nicht äußern und verschließen sich lieber Erwachsenen gegenüber.[259]

- Besetzungsabzug

  Das Kind erlebt eine Ambivalenz an Gefühlen wie Hass, Wut, Schmerz, Enttäuschung, Zorn, Trauer, Angst, Ohnmacht, Sehnsucht. Es ist gut, wenn es alle Emotionen frei herauslassen kann und nicht länger die Realität verleugnet.

  Unter Umständen kann es durch diese negativen Gefühle vorübergehend zu einer Abwertung des verstorbenen Kindes kommen. Dabei überwiegen bei dem trauernden Kind jedoch die Sehnsüchte und Entbehrungen und verdrängen auf Dauer den Hass und Zorn.

  In dieser Situation kann ein Erwachsener dem Kind helfen, indem er versucht, ein möglichst realitätsnahes Bild des verstorbenen Kindes mit all seinen guten und schlechten Seiten zu spiegeln.

- Erinnern und Sehnen, zugleich Überbesetzung des geliebten, toten Menschen

  Einerseits will das Kind seine Bindung und Liebe zum verstorbenen Geschwister abziehen, andererseits idealisiert es das tote Kind und verdrängt die negativen Eigenschaften.

  Das Kind beschäftigt sich immer mehr mit der Erinnerung an das verstorbene Geschwister, und es versucht ständig, sich mit Gegenständen, die dem verstorbenen Kind gehörten, zu umgeben und sie als Übergangsobjekte zu benutzen.

---

[259] vgl. Tausch-Flammer, D. / Bickel, L. (2007), ebenda, S. 67

Wenn diese Phase der Überbesetzung zu lange anhält, muss ein Erwachsener versuchen, das Kind behutsam davon abzubringen.

- Identifizierung

  Das trauernde Kind kann dazu neigen, dem verstorbenen Geschwister ähnlich zu werden und sich mit ihm zu identifizieren (z.B. indem es Eigenarten nachahmt oder plötzlich die gleichen Hobbys ausüben will).

  Diese Identifikation ist für das Kind sehr kontraproduktiv, weil es zu Gunsten des Vorbildes die Entwicklung seiner eigenen Persönlichkeit aufgibt.

  Hilfreich kann das Gespräch mit einem Erwachsenen sein, der ihm die Wichtigkeit des Ergreifens seines eigenen Schicksals und des Potenzials seiner eigenen Begabungen vermittelt.

- Vorgänge der Abwehr gegenüber der Trauer

  Immer wieder treten bei Kindern trotz kognitiver Akzeptanz der Realität Abwehrmechanismen (z.B. Verleugnung, Regression, Isolierung) auf, wenn sich das Ich des Kindes durch die schwierige Realität bedroht fühlt.

  Mitunter tritt das Kind auch den Rückzug durch Essensverweigerung oder Flucht in Krankheiten an, um auf sich aufmerksam zu machen (z.B. psychosomatische Hautausschläge).

  Wenn Kinder den inneren Rückzug antreten, kommt es zu einer Reduzierung ihrer sozialen Kontakte, Vernachlässigung der Freundschaften und Verringerung der geliebten Hobbys, Verschlechterung der Schulnoten.[260]

  „Jeder der Abwehrmechanismen muss zunächst einmal respektiert werden als unverzichtbares Mittel, das Äußerste an Verlust und Entbehrung für eine Weile noch von sich fern zu halten und den Schock der Entbehrung erträglicher zu machen."[261]

---

260 vgl. Franz, M.: „Morgen wird mein Bruder beerdigt..." Wenn Kinder dem Tod begegnen, brauchen sie einfühlsame Begleitung. In: Deutscher Kinderhospizverein e.V. (2006); ebenda, S. 134f.

261 vgl. Leist, M. (2004), ebenda, S. 171

- Wiederbesetzung mit Zuneigung

  Ein Ende der Trauerarbeit ist absehbar, wenn das Kind wieder zur Aufnahme von neuen Beziehungen bereit ist und sich dementsprechend öffnet. Das Kind hat jetzt gelernt, mit seinen Erinnerungen und seiner Trauer zu leben.[262]

Unterstützungsleistungen nach Ritter

M. Ritter hat aufgelistet, was Kinder alles brauchen, wenn ein Familienmitglied gestorben ist:

- Kinder benötigen von einer Person ihres Vertrauens ehrliche, klare, realistische Antworten und Informationen auf mögliche Fragen.
- Sie brauchen Erfahrungen für alle Sinne und Aktivitäten, bei denen sie selbst mitmachen und mitgestalten können.
- Kinder müssen Möglichkeiten bekommen, ihre Gefühle auszudrücken und Verständnis zu erhalten.
- Sie benötigen Erwachsene, die ihren Schmerz ernst nehmen und es mit ihnen aushalten.
- Sie brauchen Geborgenheit, Beständigkeit, Sicherheit, und es muss ihnen erlaubt werden, wieder fröhlich zu sein und mit anderen Kindern zu spielen.
- Kinder benötigen außer ihren Angehörigen nahe stehende Personen (z.B. Paten, Großeltern), die sich langfristig mit um sie kümmern.
- Sie benötigen Erwachsene, die sich um ihre trauernden Angehörigen bemühen, damit sie in diesem Punkt entlastet sind.
- Kinder brauchen das Gefühl, wertgeschätzt zu werden.
- Sie benötigen einen festen Stand im Leben, damit sie weiterhin Freude am Leben und an ihrem Alltag haben.[263]

Begleitende Erwachsene können trauernden Kindern anbieten, kreativ ihre Gefühle auszudrücken, z.B. durch Zeichnen, Malen, Tagebuch- oder Gedichte-Schreiben, kreatives Gestalten, Musik etc. Manchen Kindern fällt es auch leichter, bei geringeren Anlässen ihre Gefühle auszuleben – z.B. beim gemeinsamen Anschauen eines traurigen Bilderbuches oder

---

262 vgl. Franz, M., in: Deutscher Kinderhospizverein e.V. (2006); ebenda, S.135

263 vgl. Ritter, M. (2003), ebenda, S. 57f.

Filmes. Wichtig sind der Austausch und Kontakt mit Familien, die in einer ähnlichen Lage sind, als auch mit vollständigen Familien.[264]

Kinder brauchen körperliche Nähe (wie Umarmungen) im Schmerz und in der Trauer. Sie wollen getröstet werden, wenn sie weinen, und sie haben massive Ängste - z.B. die Angst, in naher Zukunft selbst sterben zu müssen, oder dass noch ein anderes Familienmitglied stirbt. Durch offene Gespräche mit den Kindern können diese Ängste ausgesprochen und abgebaut werden.[265]

Wenn ein Kind gestorben ist, brauchen die hinterbliebenen Kinder die Sicherheit, dass sie in ihrer gewohnten Umgebung bleiben, weiter in dieselbe Schule gehen und wie üblich mit ihren vertrauten Freunden zusammen sein können.[266]

5.4.4.4. Besondere Aspekte der Geschwistertrauer

Der Tod eines Geschwisters ist für die hinterbliebenen Kinder ein herber Verlust. Sie hatten viel gemeinsame Zeit, Erlebnisse, vielleicht auch Geheimnisse miteinander geteilt, sich gestritten, zusammen gekuschelt, und jetzt bleiben ihnen nur noch die Erinnerungen an das verstorbene Kind. Manchmal sind die Beziehungen zu den Geschwistern diejenigen, die im Leben am längsten halten, sogar noch im Alter (bei Verlust des Partners oder beim Singledasein).[267] Im Gegensatz zum Erwachsenen, der seine Zuwendung auf mehrere Menschen verteilen kann, investiert das Kind seine ganze Liebe in die Angehörigen. Die Zuwendung der Angehörigen in dieser Krisenzeit entscheidet darüber, wie gut Kinder mit dem Verlust des Geschwisters umgehen können. Wenn ein Kind stirbt, bedeutet das für jeden der hinterbliebenen Geschwister etwas anderes. Für den älteren Bruder / die ältere Schwester kann der Tod des jüngeren Kindes z.B. das Ende der geschwisterlichen Rivalität bedeuten und mit unbewussten Schuldgefühlen einhergehen (die Schuld resultiert schon allein daraus, dass das Kind überlebt hat und dem Geschwister vielleicht vorher heimlich den Tod gewünscht hat).[268] Wenn das ältere Geschwister verstorben ist, muss nun das nächst ältere Kind in die Rolle des ältesten Kindes hineinwachsen, was auf der einen Seite eine Beför-

[264] vgl. Tausch-Flammer, D. / Bickel, L. (2007), ebenda, S. 63-66

[265] vgl. ebenda, S. 109

[266] vgl. Grollman, E. A. (2004), ebenda, S. 61

[267] vgl. Baßler, M. / Schins, M.-T. (1992): Warum gerade mein Bruder?, S. 15

[268] vgl. Grollman, E. A., ebenda, S. 60

derung, aber auf der anderen Seite eine Überforderung darstellen kann.[269]

Eine Mutter berichtete über den Gemütszustand ihres Sohnes nach dem Tod der älteren Schwester und der lebensverkürzenden Erkrankung der jüngeren Schwester:

„Für meinen Sohn ist es so, dass er die ältere Schwester verloren hat und die jüngere. Er hat quasi dieses auch, dass ihm der Boden unter den Füßen weggezogen wurde, dass er bestimmte Kammern in seinem Herzen hat, die für ihn sehr dunkel und sehr schmerzhaft sind. Er wird da auch mit Ängsten zu tun haben."[270]

Nachdem das lebensverkürzend erkrankte Kind gestorben ist, haben die Geschwister einen mehrfachen Verlust zu verkraften: Die Trauer um das verstorbene Kind, den Verlust der Zuwendung in der Zeit der Erkrankung des Geschwisters und der jetzige Ausfall der Aufmerksamkeit, weil die Angehörigen zu stark von ihrer eigenen Trauer überwältigt sind. Diese neue Familiensituation wird von vielen Kindern als sehr bedrückend und belastend erlebt.[271] Der Umgang mit den noch lebenden Kindern wird auch dadurch erschwert, dass die Kinder öfters mit dem verstorbenen Kind verglichen und viel besorgter behandelt werden als früher, weil die Angehörigen meinen, dass sie besser geschützt werden müssten. Die Kinder leiden sehr unter dieser neuen Überängstlichkeit und Überbehütung der Angehörigen, aber sie haben oft keine Chance, dagegen aufzubegehren.[272] Wenn ein Kind in der Familie gestorben ist, bricht die ganze Familienstruktur zusammen, und alles, was den Geschwistern vorher Halt und Geborgenheit gab, gilt nicht mehr. Oft versuchen die Geschwister, ihre Trauer zu verdrängen, um die Angehörigen zu schonen, wenn sie merken, dass diese mit ihrer eigenen Trauer zu sehr beschäftigt sind. Sie wollen die Angehörigen unterstützen und versuchen, teilweise den Platz des verstorbenen Kindes einzunehmen.[273] Das gegenseitige Schonen (Angehörige wollen ihre Kinder nicht mit der Trauer belasten, Kinder sprechen nicht über das verstorbene Kind) führt zu einem unheilvollen Schweigen auf beiden Seiten. Dieses Schweigen

---

269 vgl. Leist, M. (2004), ebenda, S. 152

270 Aussage einer Mutter aus dem Film „Der lange Abschied"

271 vgl. Mittag, O. (1994), ebenda, S. 117

272 vgl. Student, J.-C. (2005), ebenda, S. 166

273 vgl. Wiese, A. (2001), ebenda, S. 41

verhindert beim Kind, dass es die Realität in vollem Maße wahrnehmen und mit der Trauerbewältigung anfangen kann.[274]

Manche Geschwister fühlen sich auf ihrem individuellen Trauerweg von den anderen Familienangehörigen nicht verstanden. Die Angehörigen denken, dass eine Kategorie des Ablesens der Trauerintensität vom regelmäßigen Friedhofsbesuch des Kindes oder Jugendlichen abhängig sei. Die Weigerung, auf den Friedhof zu gehen, stellt für sie die Verleugnung einer „richtigen" Trauer dar. Für viele Jugendliche sind Friedhöfe und das Thema Tod wegen ihrer Lebenssuche eher problematisch, und sie möchten sich möglichst schnell nach der Bestattung wieder ihrem alten Leben zuwenden (z.B. Freunde treffen, Disko- oder Kinobesuch), was ihnen die Angehörigen zum Vorwurf machen. Dieses jugendliche Verhalten ist aber ganz normal und sollte von den Angehörigen toleriert werden, auch wenn es schwer fällt.[275] Insbesondere ältere Geschwister wollen von ihren übrigen Angehörigen nicht wegen ihrer Trauer kontrolliert werden (zeigen sie ihre Trauer oder sind sie fröhlich?), sondern sie versuchen, sich von der allgemeinen negativen Familienatmosphäre abzugrenzen. Sie wünschen sich nichts sehnlicher, als dass ihre Angehörigen wieder „normal" reagieren, auf sie eingehen und Zeit und Interesse für sie haben.

Angehörige würden die Bedürfnisse ihrer Kinder gern erfüllen, aber sie sind dazu erst einmal nicht in der Lage, und das verursacht bei ihnen Schuldgefühle. Wenn Angehörige in Gegenwart ihrer Kinder weinen, löst das bei den Kindern oft Angst aus. Deswegen sollten die Angehörigen die Tränen nicht unterdrücken, sondern ihren Kindern versichern, dass es erstens ganz normale Gefühle sind, und zweitens, dass die Tränen in keinem Zusammenhang mit den Kindern stehen (keine Schuld, keine Verantwortung dafür).[276] Wenn die Angehörigen ihre Liebe hauptsächlich dem verstorbenen Kind zuwenden, fragen sich die Geschwister zu Recht, ob sie für die Angehörigen nicht mehr wichtig und nicht liebenswert sind. Die Geschwister brauchen gerade dann die Zuwendung der Angehörigen in erhöhtem Maße.[277]

---

274 vgl. Baßler, M. / Schins, M.-T. (1992), ebenda, S. 14

275 vgl. Wiese, A. (2001), ebenda, S. 42

276 vgl. Ritter, M. (2003), ebenda, S. 52f.

277 vgl. Tausch-Flammer, D. / Bickel, L. (2007), ebenda, S. 66

Hilfen des Kinderhospizes für trauernde Geschwister

Nach dem Tod eines Kindes bietet das Kinderhospiz „Sonnenhof" eine Geschwistertrauergruppe an. Falls die Familie vorher durch eine(n) Familienbegleiter(in) besucht wurde, kann durch diese Begleitperson mit dem Kind ein vertrautes Gespräch geführt werden, oder die Angehörigen werden durch den Besuch entlastet (indem sie mit jemandem sprechen können, der ihre Nöte versteht), was dem Kind letztendlich wieder zu Gute kommt.

5.4.5. Gedenkrituale

Jedes Jahr findet an einem Samstag im Juni der Erinnerungstag für alle verstorbenen Kinder im Wintergarten des „Sonnenhofes" von 14 Uhr bis 18 Uhr statt. Zum Erinnerungstag werden im Voraus alle Angehörigen angeschrieben, die einen Erinnerungsstein im Teich hinterlegt haben. Den Anfang des Erinnerungstages bildet eine gemeinsame gemütliche Kaffeetafel, die musikalisch untermalt wird. Danach hält die evangelische Seelsorgerin eine ökumenische Andacht mit verschiedenen Textlesungen. Der Name jedes verstorbenen Kindes wird vorgelesen, und die Angehörigen oder Familienbegleiter (in Vertretung der Angehörigen) kommen nach vorne und entzünden für das Kind eine Kerze an der großen Erinnerungskerze, wünschen sich etwas dabei (z.B. dass das verstorbene Kind an dem Ort, wo es jetzt ist, geborgen sein soll) und stecken die Kerze in eine große mit Sand gefüllte Fischform. Im Anschluss an die Andacht haben die Angehörigen die Möglichkeit, den Erinnerungsstein für ihr Kind neu zu bemalen (mit bereit gelegten wasserfesten Stiften) und ihn zusammen mit der angezündeten Kerze und einer Schwimmkerze zum Erinnerungsteich zu bringen. Alle Erinnerungssteine werden dafür zwei Tage vorher aus dem Teich geholt und getrocknet. Manche Eltern haben den Stein zu Hause nochmals bemalt, extra einen Schriftzug eingravieren lassen oder bringen einen kleinen Blumenkübel mit integriertem Stein mit. Wenn der Leiter des „Sonnenhofes" weiß, dass die anwesenden Angehörigen überwiegend christlich orientiert sind, spricht er am Erinnerungsteich ein Gebet für alle. Im Übrigen ist es den Angehörigen individuell überlassen, ob sie am Teich ein Gebet sprechen oder nicht. Die Steine werden vorsichtig ins Wasser oder an den Teichrand gelegt, und die Angehörigen können sich in Ruhe von ihrem „Kind" verabschieden. Abends findet noch ein kleines gemeinsames Abendessen mit Gelegenheit zum Gedankenaustausch statt. Dieser Erinnerungstag wird von den Angehörigen sehr gut angenommen, und es gibt nur ganz wenige Angehörige, die für ihr verstorbenes Kind keinen Stein als Erinnerung in den Teich legen wollen.[278]

Am zweiten Sonntag im Dezember findet ein weltweiter Gedenktag für verstorbene Kinder statt. Überall stellen Angehörige um 19 Uhr angezündete Kerzen ins Fenster. Teilweise finden an diesem Abend auch regionale Gedenkgottesdienste statt.[279] Dieses weltweite Ritual wurde aus den USA von den „Compassionate Friends" (entspricht in Deutschland den „Verwaisten Eltern") initiiert. Das Licht der verstorbenen Kinder („candle lightning") soll an diesem Tag immer leuchten, d.h. wenn das Kerzenlicht in der einen Zeitzone verlöscht, entzündet es sich in der nächsten, und diese Lichterwelle geht einmal um den ganzen Erdkreis.[280]

Die Familie Bonhoeffer hat zur Erinnerung ihrer verstorbenen Söhne ein Weihnachtsgedenkritual entwickelt: Am Weihnachtsnachmittag wurde ein Zweig samt Lametta und Kerze vom geschmücktem Tannenbaum abgeschnitten; alle Familienangehörigen gingen zusammen auf den Friedhof und zündeten dort die Kerze an. Durch dieses Ritual sollte einerseits die Lücke sichtbar gemacht werden, die der Tod der Söhne (zuerst Walter, dann Dietrich) in den Herzen der Angehörigen hinterließ. Andererseits sollte die brennende Kerze am Tannenzweig das Gedenken an die toten Söhne symbolisieren wie *„eine Flamme, die am Brennen gehalten wird"*.[281]

Mit dem wiederholten Betrachten der Erinnerungsbücher in Krankenhäusern oder im Kinderhospiz von Mitarbeitenden wird in einigen Abständen immer wieder der verstorbenen Kinder gedacht. Manche Kliniken laden auch regelmäßig Angehörige zu Gottesdiensten oder Gedenkfeiern aus Anlass des Todes der verstorbenen Kinder ein. Für die Angehörigen sind die schwierigsten Tage im Jahr (außer den Festen wie z.B. Weihnachten) der Geburtstag und der Sterbetag des toten Kindes. Es werden schmerzliche Erinnerungen wach, und die Familien sind meistens froh, wenn sie diese Tage einigermaßen gut überstanden haben. Wenn die Angehörigen allerdings unvermutet an ihr totes Kind erinnert werden - z.B. durch die Begegnung mit ehemaligen Freunden oder Mitschülern -, kann sie dieses Gedenken leicht aus dem mühselig

278 vgl. Interview mit Herrn Müller (Pflegedienstleiter) vom 27.06.2007 in Verbindung mit Interview mit Herrn Jürgen Schulz (Geschäftsführer) vom 09.07. 2007

279 Melching, H., ebenda, in: Deutscher Kinderhospizverein e.V. (2006), ebenda, S.147

280 vgl. Ritter, M. (2003), ebenda, S. 66

281 Wiese, A. (2001), ebenda, S. 63

gewonnenen seelischen Gleichgewicht bringen. Eine Freude kann den Angehörigen damit bereitet werden, dass an den Gedenktagen Karten an sie geschrieben werden oder dass viele Menschen anrufen und zeigen, dass sie immer noch mit der Familie verbunden sind und ihr verstorbenes Kind nicht in Vergessenheit geraten ist.[282]

Ein wichtiger Ort für die Angehörigen ist das Grab ihres verstorbenen Kindes, das sie häufig besuchen und z.B. mit Blumen oder anderen Grabbeigaben schmücken. Manche Angehörige haben allerdings gar keine Beziehung zum Grab, weil sie ihr Kind im Herzen verankert haben und das Grab für sie nur die leere Hülle darstellt.[283] Im November veranstalten die großen Kirchen ihre Gedächtnisgottesdienste für die verstorbenen Menschen – Totensonntag (evangelische Kirche) und Allerseelen (katholische Kirche) –, die mit einem Besuch auf den Friedhöfen verbunden sind.[284]

---

[282] vgl. Ritter, M. (2003), ebenda, S. 65

[283] vgl. Leyendecker, C. / Lammers, A. (2001), ebenda, S. 202

[284] vgl. Schwikart, G. (1999), ebenda, S. 72

6. Bewertung der Arbeit im „Sonnenhof"

6.1. Würdigung

Bei meiner Arbeit habe ich im Verlaufe meiner Besuche (z.B. wiederholte Teilnahme am offenen Familiennachmittag) in der Einrichtung, bei den zahlreichen Interviews mit den Mitarbeitenden des „Sonnenhofs" und der Beschäftigung mit der begleitenden Literatur die folgenden wesentlichen Eindrücke gewonnen:

Der Idealismus und zugleich Professionalismus, mit dem die Mitarbeitenden des „Sonnenhofes" ihre Arbeit tun, nötigt allen Respekt ab. Die Arbeit ist anspruchsvoll; auch endet der Arbeitstag nicht mit dem Verlassen der Einrichtung. Die meisten Mitarbeitenden haben ein überdurchschnittliches Identifikationsbewusstsein mit ihrer Arbeitsstätte, die sie in nicht geringem Maße auch persönlich prägt. Angesichts der Vielzahl lebensverkürzend erkrankter Kinder und Jugendlicher wäre daher zu erwarten, dass es eigentlich noch erheblich mehr solcher Einrichtungen geben müsste; die Grenzen werden aber nicht nur finanziell, sondern auch bezüglich der Belastbarkeit der Mitarbeitenden gezogen – man muss sich schon zu dieser Arbeit bekennen; ein bloßes „doing the job" reicht wohl nicht aus, um den Ansprüchen aller – der betroffenen Kinder und Jugendlichen zuallererst, aber auch ihrer Angehörigen und der Kollegenschaft – zu genügen.

Der Entlastungseffekt für die Angehörigen tritt aufgrund des ganzheitlichen Ansatzes der Betreuungsleistungen des „Sonnenhofes" besonders deutlich zutage, wenn man ihn, bezogen auf die drei Phasen „Begleitung vor, während und nach dem Sterben", bewertet: In allen Abschnitten der Unterstützungsleistungen des „Sonnenhofes" fühlen sich sämtliche Betroffene in meist unerwartet positiver Weise angenommen und verstanden. Im Kinderhospiz haben sich die Angehörigen mit dem Sterben vorher beschäftigt, sie haben die Ruhe und die Zeit, sich auf den Abschied vorzubereiten. Im Krankenhaus machen die Ärzte den Angehörigen oft bis zum Schluss noch Hoffnung, und der Tod kommt dann ganz plötzlich.

Eine besondere Erwähnung verdienen die ehrenamtlich tätigen Familienbegleiterinnen und Familienbegleiter, deren professionelle Arbeit das stationäre Leistungsangebot des „Sonnenhofes" ergänzt. Denn sie sind diejenigen, die am längsten mit den Betroffenen zu tun haben – in einer langen Phase der ambulanten Betreuung lebensverkürzend erkrankter Kinder und ihrer Angehörigen zunächst zu Hause, dann auch bei Klinikaufenthalten und ggf. auch noch nach dem Tod der betroffenen Kinder in der schwierigen Phase der Hinterbliebenenbetreuung.

Neben dem Entlastungseffekt für die Betroffenen tragen die Leistungen der Mitarbeitenden des „Sonnenhofes" in erheblichem Maße zu einer Verbesserung des Wissens und der Gefühlswelt der Betroffenen bei. Dies bezieht sich nicht nur auf praktische „Tipps und Tricks" zu Pflegeleistungen, sondern vor allem auf die emotionale Stärkung – die Betroffenen lernen emotionale Kompetenz im Umgang mit ihrer besonderen Situation durch Akzeptanz und Stärkung auf allen Gefühlsebenen. Dies kann in einer Gesellschaft, die negative Gefühle, zumal den Tod und seine Begleitumstände, überwiegend negiert oder sensationsheischend missachtet, nicht hoch genug anerkannt werden.

In erheblichem Maße werden Beziehungsgeflechte und Netzwerke geknüpft, die für die Betroffenen oftmals die erforderliche Stütze im wieder zu gewinnenden, aber doch so veränderten Alltag geben. Dabei ist besonders die Nachhaltigkeit, mit der dieser Prozess unterstützt wird, hervorzuheben – wo erfährt man sonst noch viele Monate nach einem Trauerfall ein derartiges Angenommensein?

Das Leistungsspektrum der Pflegeleistungen berührt auch einen „Graubereich" zwischen den Leistungsangeboten der Krankenkassen und tatsächlichen Bedürfnissen: Nirgendwo sonst kann meines Wissens eine Verhinderungspflege schwersterkrankter Kinder und Jugendlicher in Anspruch genommen werden; es sei denn, es handelt sich um eine akute Verschlimmerung des Krankheitsbildes. Insbesondere bei langfristig verlaufenden lebensverkürzenden Erkrankungen gibt es hier ein exklusives Entlastungspotenzial für die Angehörigen.

Besonders professionell scheint mir die Differenzierungsfähigkeit der Mitarbeitenden in Bezug auf die jeweils altersgerechte Einstellung im Umgang mit den Betroffenen zu sein. Dies unterscheidet das Kinderhospiz in wohltuender Weise von so mancher so genannten „Kinderstation" in einem Krankenhaus, in dem eine derart hohe alters-, entwicklungsgerechte und ggf. krankengeschichtliche Unterscheidung, etwa der Bedürfnisse von Kleinkindern, eher nicht zu erwarten ist, auch wenn das Bemühen hierum inzwischen deutlich erkennbar ist und nicht zuletzt bereits zur Einrichtung von Spezial-Krankenhäusern für Kinder und - in begrenztem Umfang - auch für Jugendliche geführt hat. Insgesamt beruht die besondere Betreuungsleistung also auf einer überdurchschnittlichen Ausprägung persönlicher Empathiefähigkeit der Mitarbeitenden, auf einem - im Vergleich zum Krankenhausbetrieb - überdurchschnittlichem Personaleinsatz und auf einem sehr hohen altersgerechten Ausstattungsgrad. Dies macht offenbar auch das große Interesse an der Einrichtung und die Bereitschaft vieler Betroffener aus, sich auf längere Zeit auch nach dem akuten Betreuungsfall an die Einrichtung zu binden (ehrenamtliche Mitarbeit, Spendenbereitschaft, Teilnahme an offenen Veranstaltungen).

Ich habe bei meinen Recherchen nur äußerst vereinzelt Kritikpunkte gehört, was anders oder besser hätte gemacht werden können; überwiegend bezog sich diese Kritik aber nicht auf die Arbeit des Kinderhospizes an sich, sondern war Ergebnis der sich verändernden Einstellungen der Betroffenen zu ihrem Trauerfall (z.B. bei fehlender Teilnahme an Erinnerungsfeiern).

Allerdings ist der „Sonnenhof" nicht für alle Familien der passende Ort. Manche Familien benötigen keine Hilfe von außen, weil bei ihnen das soziale Netz aus Verwandten und Freunden gut funktioniert und sie mit ihren Problemen nicht allein sind. Andere Eltern möchten, dass ihren Kindern bis zum Schluss im Krankenhaus geholfen wird, damit sie sich hinterher keine Vorwürfe machen müssen. In einem anderen Fall wollten die Eltern, dass das Kind vom Krankenhaus für die letzten Tage noch in den „Sonnenhof" einzieht, aber das Kind hat aus Angst vor einer unsachgemäßen Verabreichung der Schmerzmittel die Verlegung abgelehnt. Der ideale Ort zum Sterben ist ohne Frage zu Hause, wo das Kind seine vertraute Umgebung hat, aber in den meisten Fällen sterben die Kinder im Krankenhaus.

6.2. Grenzen des „Sonnenhofes"

Dadurch, dass sich der „Sonnenhof" überwiegend aus Spendengeldern finanziert, stößt er unweigerlich an seine finanziellen Grenzen. Die Krankenkassen bezahlen nur die Sätze, die für ein Erwachsenenhospiz gelten, aber ein Kinderhospiz braucht eine viel höhere Betreuungskapazität. Also werden ständig neue Projekte ins Leben gerufen (z.B. die Schatzinsel[285]), aus deren Erlösen der „Sonnenhof" mitfinanziert werden kann. Seit fünf Jahren besteht nun das stationäre Hospiz; viele Dinge befinden sich noch in der Entwicklungsphase, und es wird durch den ständigen Dialog mit den Angehörigen nach Lösungen gesucht, wie der Aufenthalt noch familiengerechter gestaltet werden kann.

Es fällt auf, dass der „Sonnenhof" einerseits damit wirbt, dass er wie ein zweites Zuhause fungiert und dieser Eindruck von den Betroffenen bestätigt wird, andererseits aber aus nicht näher zu bestimmenden Gründen eine hohe Fluktuation sowohl im Leitungs- als auch im Pflegebereich herrscht. Wenn die Familien, die zur Verhinderungspflege kommen, sich ständig auf neue Personen einstellen müssen, wie sollen sie dann Vertrauen entwickeln?

---

285 Bei diesem Projekt werden Mittel aus dem Verkauf von gespendeten Sachen (vergleichbar einem Second-Hand-Basar) gewonnen.

6.3. Ausprägung und Bedeutung religiöser Einflüsse

Da die überwiegende Mehrheit der Angehörigen und betroffenen Kinder und Jugendlichen nicht religiös gebunden ist, kommen Gespräche zum Thema Glauben oder Theodizee zwischen den Mitarbeitenden des „Sonnenhofes“ und ihnen eher selten vor.

Allerdings kann nicht generell behauptet werden, dass es gar keine Religiosität im Kinderhospiz gäbe, weil einige Mitarbeiterinnen mit ihren Kindern und Jugendlichen sowie den Angehörigen durchaus sehr eindringliche spirituelle Gespräche führen.

Ursprünglich hatte ich die Erwartung, dass sich die lebensverkürzend erkrankten Kinder und Jugendlichen, die sowohl ambulant als auch stationär vom „Sonnenhof“ betreut werden, von sich aus intensiv mit den Themen „Tod“ oder „Leben nach dem Tod“ auseinandersetzen würden. Ich habe schnell festgestellt, dass diese Erwartung falsch war, weil diese Kinder und Jugendlichen bis zum Schluss überwiegend voller Lebensfreude sind und nur manchmal - wie in einer Momentaufnahme, die anschließend wieder ausgeblendet werden kann - einen Gedanken an ihren nahen Tod verschwenden. Die Kinder und Jugendlichen stellen sich vielleicht am Anfang die Frage nach dem „Warum ich?“, aber sie finden sich doch relativ schnell mit ihrer Situation ab und versuchen, das Beste aus ihrem Leben zu machen.

Auch die Angehörigen und Geschwister werden in ihrer Trauer gut begleitet; das Angebot an Trauergruppen ist sehr vielfältig. Die Trauernden fühlen sich in ihrer jeweiligen Gruppe geborgen und suchen sich die Gesprächspartner, die sie für ihre aktuelle Situation benötigen. Religiöses Gedankengut spielt nur insoweit eine Rolle, als dass bei der geschlossenen Trauergruppe von der Seelsorgerin regelmäßig religiöse Texte (Psalme) vorgelesen werden und am Ende jeder Sitzung ein Abschlusssegen für alle Teilnehmer gesprochen wird.

6.4. Fazit

Sicher war ich nicht zuletzt aufgrund meiner individuellen Prägung bzw. Hinwendung zu Religiosität überrascht, dass die Frage nach Gott, das Bedürfnis nach religiösen Symbolen und Inhalten eher oberflächlich bleibt. Dies zeigt sich insbesondere in den Schilderungen der Weihnachtsaktivitäten im Kinderhospiz. In dieser Zeit wird versucht, mit der Tradition des vom Kinderhospiz veranstalteten Christkindl-Markts ein besinnliches, nicht primär auf das Materielle abzielende Gegengewicht zur dann besonders hohen Spendenbereitschaft Dritter zu bilden, die u.a. in zahlreichen Besuchen von „Weihnachtsmännern" mit entsprechenden Mitbringseln zum Ausdruck kommt, wiewohl dies ambivalent ist, da der „Sonnenhof" nicht zuletzt von diesen Spenden abhängig ist.

Doch kann eigentlich diese Säkularisierung und - bezogen auf Weihnachten - Kommerzialisierung angesichts einer eher gesellschaftsgeschichtlich von großer Abneigung gegenüber allem Religiösen geprägten Umwelt verwundern?

Und ist es nicht sogar angesichts der einerseits großen Zahl betroffener Familien und andererseits immer noch erschreckend kleinen Zahl von Einrichtungen wie dem „Sonnenhof" gut, wenn es Ziel der Arbeit des „Sonnenhofes" bleibt, **allen** Betroffenen unabhängig von ihren vorhandenen oder nicht gelebten kulturellen Wurzeln bzw. religiösen Identitäten offen zu stehen?

7. Schlusswort

Zum Abschluss möchte ich einen Wunsch an Sie, sehr geehrte Leserin, sehr geehrter Leser, richten.

Das Thema braucht Menschen, die das Wissen über Kinderhospizarbeit weiter tragen. Kinderhospize und Kinderhospizdienste brauchen Sie, engagierte und mutige Menschen, die betroffene Familien in ihre Mitte nehmen.

Wagen Sie es – reden Sie darüber und reichen Sie dieses Buch weiter, damit Kinderhospizarbeit so selbstverständlich wird wie das Wort Kindergarten.

Jede Familie mit einem unheilbar erkrankten Kind soll darüber Bescheid wissen, dass Kinderhospizangebote bereits ab der Diagnose einer lebensbegrenzenden Erkrankung für sie da sind.

„Liebe besteht nicht darin, dass man einander anschaut, sondern dass man gemeinsam in dieselbe Richtung blickt." (A. de Saint-Exupery)

Frau Meinig, wir freuen uns schon heute auf Ihr nächstes Werk.

Sabine Kraft

Bundesverband Kinderhospiz e.V.

Geschäftsführung

Antoniterstr. 13

79106 Freiburg

Tel. 0 800 8 86 87 88

Fax 0 800 8 86 87 89

info@bundesverband-kinderhospiz.de

www.bundesverband-kinderhospiz.de

8. Literatur- und Medienverzeichnis / Bildnachweis

Bücher

Baßler, Margit / Schins, Marie-Thérèse (1992): Warum gerade mein Bruder?, Rowohlt Verlag, Reinbek

Becker, Paul / Eid, Volker (1984): Begleitung von Schwerkranken und Sterbenden, Matthias-Grünewald-Verlag, Mainz

Brocher, Tobias (1980): Wenn Kinder trauern – Wie sprechen wir über den Tod?, Kreuz Verlag, Stuttgart

Burgheim, Werner (Hrsg.) (2007): Qualifizierte Sterbebegleitung von Sterbenden und Trauernden, Band 1 und 2, Forumverlag, Merching

Canacakis, Jorgos (2007): Ich begleite dich durch deine Trauer, Kreuz Verlag, Stuttgart

Deutscher Kinderhospizverein e.V. (Hrsg.) (2006): Kinderhospizarbeit – Begleitung auf dem Lebensweg, Hospiz Verlag, Wuppertal

Edler, Christiane / Herrmann, Monika (2004): Sterbenszeit ist Lebenszeit, Wichern- Verlag, Berlin

Ernst, Stephan / Engel, Ägidius (2001): Christliche Ethik konkret, Kösel-Verlag, München

Franz, Margit (2. Auflage 2004): Tabuthema Trauerarbeit, Don Bosco Verlag, München

Glanzmann, Gabriele / Bergsträßer, Eva (2001): Begleiten von sterbenden Kindern und Jugendlichen, Anja Verlag, Schaffhausen

Grom, Bernhard (5. Auflage 2000): Religionspädagogische Psychologie, Patmos Verlag, Düsseldorf

Haas, Gisela (1981): Ich bin ja so allein. Kranke Kinder zeichnen und sprechen über ihre Ängste, Maier Verlag, Ravensburg

Kübler-Ross, Elisabeth (5. Auflage 1986): Reif werden zum Tode, Gütersloher Verlagshaus, Gütersloh

Kübler-Ross, Elisabeth (31. Auflage 2002): Über den Tod und das Leben danach, Die Silberschnur, Güllesheim

Kübler-Ross, Elisabeth (2003 [Taschenbuchausgabe]): Kinder und Tod, Knaur, München

Leist, Marielene (5. Auflage 2004): Kinder begegnen dem Tod, Gütersloher Verlagshaus, Gütersloh

Leyendecker, Christoph / Lammers, Alexandra (2001): Lass mich einen Schritt alleine tun. Lebensbeistand und Sterbebegleitung lebensbedrohlich erkrankter Kinder, Kohlhammer Verlag, Stuttgart

Mittag, Oskar (1994): Sterbende begleiten, Thieme Verlag, Stuttgart

Nijs, Michaela (1999): Trauern hat seine Zeit. Abschiedsrituale beim frühen Tod eines Kindes, Verlag für angewandte Psychologie, Göttingen

Nipkow, Karl Ernst (2005): Pädagogik und Religionspädagogik zum neuen Jahrhundert, Band 1, Gütersloher Verlagshaus, Gütersloh

Oelmüller, Willi (Hrsg.) (1990): Theodizee – Gott vor Gericht, Wilhelm Fink Verlag, München

Pauls, Christa / Sanneck, Uwe / Wiese, Anja (2. Auflage 2007): Rituale in der Trauer, Ellert & Richter Verlag, Hamburg

Pera, Heinrich (1995): Sterbende verstehen, Herder Verlag, Freiburg im Breisgau

Rest, Franco (5. Auflage 2006): Sterbebeistand, Sterbebegleitung, Sterbegeleit, Kohlhammer, Stuttgart

Ritter, Mechthild (2003): Wenn ein Kind stirbt, Kreuz Verlag, Stuttgart

Sauer, Ralph (1986): Kinder fragen nach dem Leid, Herder Verlag, Freiburg im Breisgau

Schölper, Elke (Hrsg.) (2004): Sterbende begleiten lernen. Das Celler Modell zur Vorbereitung Ehrenamtlicher in der Sterbebegleitung, Gütersloher Verlagshaus, Gütersloh

Schuchardt, Erika (1984): Warum gerade ich ...? Behinderung und Glaube, Burckhardthaus-Laetare Verlag, Gelnhausen

Schweidtmann, Werner (1991): Sterbebegleitung. Menschliche Nähe am Krankenbett, Kreuz Verlag, Stuttgart

Schwikart, Georg (1999): Tod und Trauer in den Weltreligionen, Gütersloher Verlag, Gütersloh

Specht-Tomann, Monika / Tropper, Doris (2000): Wir nehmen jetzt Abschied, Patmos Verlag, Düsseldorf

Student, Johann-Christoph (Hrgb.) (1999): Das Hospiz-Buch, Lambertus, Freiburg im Breisgau

Student, Johann-Christoph (überarbeitete Neuausgabe 2005): Im Himmel welken keine Blumen, Herder Spectrum, Freiburg im Breisgau

Tausch, Daniela / Beutel, Helmut (1989): Sterben – eine Zeit des Lebens, Quell Verlag, Stuttgart

Tausch-Flammer, Daniela / Bickel, Lis (1997): Spiritualität in der Sterbebegleitung, Herder Verlag, Freiburg im Breisgau

Tausch-Flammer, Daniela / Bickel, Lis (9. Auflage 2007): Wenn Kinder nach dem Sterben fragen, Herder Spectrum, Freiburg im Breisgau

Wiese, Anja (2001): Um Kinder trauern. Eltern und Geschwister begegnen dem Tod, Gütersloher Verlag, Gütersloh

Wiese, Anja / Morgenbrodt, Piet (2005): Kindergrabmale, im Eigenverlag verlegt bei Verwaiste Eltern Hamburg e.V., Hamburg

Zeitschriften

Die Hospiz-Zeitschrift, Fachorgan für Hospiz- und Palliativmedizin, Bundesarbeitsgemeinschaft Hospiz (Hrsg.), 5. Jahrgang, Heft 15 (2003): Kind, Tod, Trauer / 6. Jahrgang, Heft 22 (2004): Hospiz und Ethik / 7. Jahrgang, Heft 26 (2005): Grundhaltungen in der Hospiz- und Palliativarbeit / 8. Jahrgang, Heft 27 (2006): Spezifische Therapieformen und Hilfen in der Hospiz- und Palliativarbeit, Hospiz Verlag, Wuppertal

Sonstige Printmedien (Broschüren, Flyer etc.)

Broschüre: Bundesarbeitsgemeinschaft Hospiz e.V. (05/2005): Qualitätsanforderung zur Vorbereitung Ehrenamtlicher in der Hospizarbeit, Hospiz Verlag, Wuppertal

Broschüre (2006): 10 Jahre Björn-Schulz-Stiftung, Berlin Flyer (2007) der Akademie der Björn-Schulz-Stiftung: Weiterbildungsprogramm; Berlin

Flyer (o. J.) der Björn-Schulz-Stiftung: Familienbegleiter, Berlin

Flyer (o. J.) der Björn-Schulz-Stiftung: Hospiz für Kinder, Jugendliche und junge Erwachsene, Berlin

Flyer (o. J.) der Björn-Schulz-Stiftung: „Sonnenhof" – ein Haus der Geborgenheit, Berlin

Konzept (überarbeitete Fassung August 2003) des „Sonnenhofes" von Stefanie Kämper, Berlin

Benutzte Internetseiten

www.kinderkrebsstiftung.de

www.marburger-medien.de/erinnerungen

www.sonnenhofberlin.de

www.ztl-trauerbegleitung.de

Funk und Fernsehen

rbb kulturradio / Kulturtermin zum Thema: Tiere als Therapeuten, Produktion vom 10.05.2007; Sendedatum 14.05.2007; Redaktion: Karin Tholen, Regie: Ralf Ebel, Mitschnitt der Sendung

„Sternenkinder", ein Film von Thomas Lützel, Medien-Akademie, Dekra-Film, 2006

„Der lange Abschied", ein Film von Katrin Kramer, ZDF, 2004

Bildnachweis

Abbildung 1-4, 6-7, 9: Frauke Frodl

Abbildung 5, 8, 10-13: Sabine Meinig

9. Notizen